AF453411

IMPORTANCE

DE NOS COLONIES OCCIDENTALES,

PARTICULIÈREMENT DE CELLE

DE SAINT-DOMINGUE,

Démontré par la RÉFUTATION D'UN ÉCRIT ayant pour titre :

EXAMEN politique des Colonies modernes, dans le but plus particulier de savoir si celles de la France lui ont été avantageuses ou non.

Par M. WANTE.

***

A PARIS,

Chez BALLARD, Imprimeur, rue J.-J. Rousseau, n°. 8.

AN 1805.

AVANT-PROPOS.

C'EST au milieu des efforts et des sacrifices que fait le Gouvernement et le peuple français, pour établir l'indépendance des mers et résister à la tyrannie maritime des Anglais, que M. Carteau publie un Écrit qui, sous le titre d'*Examen politique,* prononce que les colonies possédées par la France lui ont été et lui sont désavantageuses.

Ce qui étonne le plus à la lecture de cet écrit, c'est le sang froid avec lequel l'auteur prononce l'anathême contre les colonies ; c'est l'assurance avec laquelle il avance *que son opinion paraît celle du Gouvernement actuel.*

Que des hommes ne balancent point à embrasser, à publier des opinions qui paraissent les plus paradoxales, s'il doit résulter de leur discussion quelqu'avantage, ce courage est digne d'éloge.

Mais que, contre l'évidence, contre

les preuves qui sont de près et de loin à notre connaissance, que contre l'expérience de trois siècles on vienne renouer la discussion sur un objet tant de fois jugé ; voilà ce qui ne peut plus s'appeller courage ni énergie ; c'est une ambition de paradoxe que rien ne peut justifier.

L'auteur a publié son livre à Bordeaux, dans cette ville de l'Empire qui doit presque toute sa splendeur à nos colonies, dans cette ville dont l'opulence pendant la paix et la détresse pendant la guerre, en attestent l'importance et démontrent les calamités qui suivent la privation de leur commerce ; son assurance proclame la liberté de la presse et des opinions.

INTRODUCTION.

§. Ier.

L'ÉCRIVAIN a commencé par une intro-
duction , et dans les vingt-neuf paragraphes
qui la suivent , il a voulu prouver que toutes
les nations européennes , sans même en excep-
ter les Anglais, tous les Gouvernemens anciens
et nouveaux ont attaché à leurs possessions
d'outre-mer une importance ruineuse. J'en-
treprends de prouver qu'il n'y aurait , dans
l'état actuel de la civilisation de l'Europe,
de ruineux que le système contraire.

Dans la première phrase de cette intro-
duction , on lit cette assertion : « La rupture
» du traité d'Amiens par les Anglais, uni-
» quement fondée sur des motifs qui ont
» rapport aux colonies , pour garder l'île
» de Malthe , et en second lieu pour nous
» priver de nos colonies de *Saint-Domingue*
» et de la Louisiane ».

Il faut donc que nos ennemis reconnaissent
combien ces possessions sont utiles à notre
prospérité pour acheter leur destruction par

la violation d'un traité et le sacrifice, on pourrait dire du droit des gens, s'il était vrai qu'il en existât pour les Anglais.

On lit encore :

« Les fréquentes guerres enfin que nous » soutenons contre nos éternels rivaux, au » sujet de nos colonies.... »

Cette assertion est encore un second aveu de leur importance, car nos ennemis ne s'attachent qu'à ce qui peut nous faire du mal. Ils nous font de fréquentes guerres au sujet de nos colonies, parce que nos colonies nous enrichissent et réparent en peu d'années de paix les désastres de la guerre : je rendrai cette vérité sensible par des calculs arithmétiques.

C'est, dit l'auteur, la fréquence de ces guerres, les malheurs publics et particuliers qui en ont résulté, qui ont conduit l'auteur, de *pensées* en *pensées*, à cette importante question, savoir : si ces possessions sont utiles ou nuisibles aux puissances de l'Europe, et par suite si elles ont été avantageuses à la France ?

Nous allons voir par la discussion, comment de pensées en pensées l'auteur parvient « à » reconnaître que les colonies sont superflues » à la France pour lui conserver ses vraies

» richesses, la maintenir dans sa grandeur,
» et que le Gouvernement ne devrait pas
» hésiter à les répudier, et qu'enfin il ne
» faut plus penser à rétablir celle de Saint-
» Domingue ».

Je ne sais si M. Carteau, en publiant son ouvrage et y prenant la qualité de propriétaire de Saint-Domingue, a voulu faire prendre une haute idée de son désintéressement; mais comment a-t-il pu penser que les colons sur-tout qui pourraient le lire et le réfuter, ignoreraient et hésiteraient à faire connaître que cette brillante qualité de propriétaire de Saint-Domingue, se réduit à une portion de propriété dans une médiocre plantation établie en indigo, située aux Fonds-Blancs, département du Nord. Au surplus sans étendre davantage mon observation sur ce point, je vais entamer la discussion et répondre au paragraphe suivant.

§. II.

Effet qu'a produit sur l'Espagne la possession de ses colonies du Nouveau Monde.

D'ABORD je nie qu'il puisse y avoir une comparaison absolue entre l'Empire Français et le Royaume d'Espagne ; situation géographique, étendue de territoire, masse de population, capitaux, produits du sol, produits industriels et de manufactures, rapports commerciaux, tout en France est, à l'égard de l'Espagne, hors de proportion ; première et immense différence. L'activité, le caractère, le besoin de richesses qui naît de l'habitude du luxe, comparé à la grave tranquillité, à l'habitude du repos, établit entre les Français et les Espagnols une autre différence, qui rend vicieuse toute comparaison. Le Français apporte, avec son aptitude aux transactions commerciales, presque tous les produits d'agriculture et d'industrie qui établissent des relations utiles et profitables ; l'Espagnol, sans avoir moins d'aptitude, ne trouve sur son sol d'Europe qu'une faible portion des objets d'échange nécessaires, soit pour son existence, ses jouissances ou ses opérations commerciales avec les colonies du Nouveau Monde. Il est obligé de les acheter toutes avec l'or et l'argent qu'il tire du Mexique et du Pérou, et s'il cessait d'avoir cette ressource, il deviendrait sûrement le peuple le plus malheureux de l'Europe, par l'absence de l'agriculture et de l'industrie locale.

L'Espagne s'est dépeuplée, dit-on, pour fournir des colons à ses vastes possessions dans les Indes orientales et occidentales; cela paraît vrai, mais la France ne s'est jamais dépeuplée, elle n'a jamais envoyé dans les colonies que son excédant de population, et l'on verra un peu plus loin, à combien se réduisait, dans le tems de prospérité des colonies, cette prétendue émigration.

La France, sur une étendue de trente-deux mille lieues carrées, qui forment les cent huit départemens, compte trente-cinq millions d'habitans.

L'Espagne, sur vingt-quatre mille lieues carrées, formant ses possessions en Europe, en compte onze millions.

Toutes les colonies possédées par la France, ne présentent qu'une superficie de vingt mille lieues carrées, couvertes d'une population extra-européenne de un million trois cent mille ames.

Les possessions espagnoles dans les deux Indes, présentent une superficie de six cent quatre - vingt - dix mille lieues carrées, chargées d'une population extra-européenne de vingt millions : ainsi nulle sorte de comparaison à faire en systême de commerce ou de finance ; l'Empire français est en Europe, la puissance de l'Espagne est en Amérique, au Mexique et au Pérou. Il n'y a de cette puissance en Europe que son gouvernement.

Cessons donc de comparer des objets si dissemblables, les Espagnols n'ont fait que se déplacer, leur population n'a pas, comme on le pense, diminué, elle n'a fait que changer de local ; leur gouvernement n'est pas si faible, si dénué d'énergie, de moyens et de richesses que le pense M. Carteau ; car il était réservé au grand homme, dont le souffle anime tout, de prouver à l'Europe étonnée, à l'Angleterre effrayée, que le nom espagnol rivalise par-tout de puissance et de gloire avec les Français.

Ainsi, n'étant pas d'accord avec M. Carteau sur les principes de la comparaison ,
il est impossible que nous le devenions jamais
sur les conséquences qu'il en tire : donc
il devient inutile d'étendre au delà la discussion sur ce paragraphe , et je passe au
troisième.

§. III.

Balance des avantages et des désavantages que la France a éprouvés de la possession de ses colonies.

L'AUTEUR en débutant, nous dit : « Qu'il
» a partagé long-tems l'irréflexion générale,
» en considérant le lustre de la nation fran-
» çaise et la splendeur de ses colonies, et
» remarquant que leurs liaisons commer-
» ciales avaient rendu l'or et l'argent extrê-
» ment communs dans le royaume, que la
» navigation s'y était fort accrue, qu'au
» moyen d'une nombreuse marine mar-
» chande, l'état pouvait entretenir de puis-
» santes armées navales ».

Après une longue énumération d'avantages aussi marquans, il ajoute : « De plus
» mûres réflexions, bien naturelles après les
» *désastres des colonies*, ont détruit en
» moi ces flatteuses illusions ; *alors*, il a
» vu que la prospérité de la France n'était
» qu'un faux brillant, qu'elle n'avait répandu
» qu'un éclat phosphorique ; *alors*, il a re-
» marqué, quelle pénétration ! qu'à mesure
» que l'or et l'argent étaient devenus plus

» communs dans le royaume, tout aliment,
» tout objet de première nécessité, toute
» main-d'œuvre et tous biens-fonds y avaient
» accru de prix dans la même proportion;
» *alors* il a vu que les ports de mer se peu-
» plaient au détriment de la population de
» l'intérieur du royaume, que les journaliers
» des champs sur - tout étaient aussi pauvres
» que mal nourris, à peine vêtus, gelés en
» hiver, brûlés en été, n'ayant pas un écu
» pour se procurer le moindre soulagement;
» il a vu, dis-je, qu'ils languissaient plutôt
» qu'ils ne vivaient. L'auteur a même ob-
» servé l'agriculture négligée, le sol de la
» France pouvant à peine suffire à la sub-
» sistance annuelle, le commerce extérieur
» considérablement tombé, et l'éducation des
» troupeaux presqu'entièrement abandonnée;
» et après une bien plus longue série de
» maux, résultant de la possession des co-
» lonies, l'auteur parle de ces guerres, de
» ces contestations maritimes, toujours ac-
» compagnées d'autres combats sur terre,
» que jointes à l'insalubrité du climat des
» colonies avaient causé ce grand vuide
» dans la population de la France, réduite,
» suivant quelques écrivains, à quinze ou
» seize millions d'individus ».

En lisant cette dernière partie de cet étonnant paragraphe, le lecteur se demande à quelle époque écrivait son auteur ; s'il faut en croire le tableau, il ne s'applique qu'au règne, malheureusement trop long de la terreur ; s'il faut en croire l'imprimeur, l'ouvrage est sorti de la presse en 1805, et ne s'applique qu'à des époques postérieures au désastre des colonies ; mais j'en appelle à tout homme impartial, le tableau de la France que je viens de tracer plus haut, présente-t-il, quant à la population et à l'agriculture, quelque ressemblance avec ce royaume, à aucune époque de l'ancienne monarchie ? présente-t-il aucun trait de vérité avec la France, postérieurement au 18 brumaire an 9 ?

Tel est cependant le revers de la médaille qui afflige si tristement l'auteur de cet examen politique.

§. IV.

Quelles sont les Colonies dont les effets ont été généralement funestes.

JE rapporte toujours littéralement les expressions de l'auteur, car on pourrait croire que je lui fais dire des absurdités pour avoir le plaisir de les combattre.

« Frappé de ces désavantages, dit-il, dont
» il résulte, contre le sentiment reçu, que
» nos pays d'outre-mer étaient des posses-
» sions nuisibles, je ne fus que trop con-
» firmé dans cette affligeante opinion, en
» distinguant deux sortes de colonies, les
» unes de luxe, les autres d'une utilité plus
» réelle, c'est-à-dire les superflues et les né-
» cessaires ».

Ce paragraphe ainsi commencé, sert à établir une distinction fort heureuse entre les colonies superflues et les nécessaires.

Les colonies nécessaires sont, suivant M. Carteau, précisément toutes celles que nous n'avons plus ; les colonies superflues sont celles que nous avons encore. « Les co-
» lonies nécessaires, dit-il, établies sur un

» plan mieux raisonné et plus suivi , seraient
» devenues très-utiles à la France, pour la sou-
» lager d'un surcroît de population (qu'elle
» n'a point) ; ces colonies nécessaires , en
» moins d'un siècle, seraient devenues le
» boulevard de nos colonies superflues (et
» que nous ne devons pas garder) ; enfin de
» nos îles des Antilles , elles les auraient
» pourvu en outre de grains , de bois et de
» salaisons ».

Voilà une manière de raisonner et une logique entièrement neuve. Ainsi l'ancien gouvernement a eu tort de renoncer au Canada et à l'Acadie; le nouveau gouvernement a eu tort de céder la Louisianne (1), et il a encore bien plus tort de conserver nos colonies, que l'auteur appelle si sage-

---

(1) J'ai publié l'année dernière des Mémoires sur la Louisiane et la Nouvelle Orléans, accompagnés d'une dissertation sur les avantages que le commerce de l'Empire doit tirer de la stipulation faite par l'article 7 du traité de cession du 30 avril 1803, et je reste plus que jamais convaincu que, par ce traité, le Gouvernement français a tiré tout le parti qu'il pouvait se promettre d'une colonie que l'affection des Français attachait peut-être à l'Empire, mais que la politique réunissait presqu'invinciblement à la puissance fédérale des États-Unis.

ment

ment superflues , la raison s'en explique ainsi : « Ces colonies du nord , en raison de » leur nombreuse population, (qui serait » tombée du ciel) n'auraient eu besoin en » plusieurs cas que de leurs propres forces » pour se défendre contre l'ennemi : le genre » de leur culture étant à-peu-près celui de » l'Europe , les productions de leur sol n'au- » raient excité ni la jalousie ni la cupidité » d'aucune puissance rivale » ; mais M. Carteau a dit ici précisément tout le contraire de ce qu'il a voulu dire.

D'abord il y a peu ou il n'y a presque jamais d'émigration volontaire d'un climat tempéré à un climat sévère , et peu de Français auraient recherché des possessions au Canada , pour y avoir plus de besoins , moins d'aisance et plus de mal pour n'y obtenir que les mêmes alimens. L'Européen aime le climat des colonies par de puissans motifs. On y éprouve un besoin de moins , celui de se chauffer et de se vêtir chaudement. L'Européen peut, en y travaillant la terre une *heure* par semaine, assurer son existence individuelle pendant le cours entier de l'année. L'Européen actif et laborieux y assure son aisance et beaucoup de jouissances en travaillant deux *heures* par jour. L'Eu-

B

ropéen excité par une ambition sage, y fait sa fortune dans presque toutes les professions en dix années, sans même se priver des plaisirs qui font le charme de la vie. Mais M. Carteau va plus loin, il ne veut que des colonies pauvres, pour ne pas exciter la jalousie et la cupidité de ses voisins. Il convient donc que c'est parce que St.-Domingue était une colonie riche, opulente, une source intarissable de richesses pour la France, que ses voisins en sont si jaloux, et qu'ils prennent tant de moyens pour l'anéantir : ainsi en politique habile, il invite le Gouvernement français à se défaire de sa force, de sa puissance, de sa richesse, pour ne pas exciter la cupidité de ses voisins ; aussi apprendrons-nous bientôt, qu'en philosophe et en logicien conséquent, il se sera défait de son argent pour se mettre à l'abri des voleurs, et vivre en paix, sans craindre d'être attaqué ou insulté. Cette manière de raisonner me rappelle la fable de ce bon Lafontaine, qui, dans un conseil du peuple renard, en fait paraître un, qui ayant perdu sa queue dans un piége, conseille à tous les siens de se défaire de la leur comme d'un ornement inutile. En réponse donc à l'invitation de M. Carteau, je lui dirai : Quand l'Angleterre, l'Espagne,

le Portugal, la Batavie, la Suède, le Danemarck auront, par un pacte commun
avec la France, renoncé à leurs possessions
d'outre-mer, quand toutes les puissances de
l'Europe et le gouvernement des États-Unis,
réunis en congrés, auront renoncé à leurs
colonies respectives, proclamé la liberté des
mers et du commerce, l'indépendance des
colonies et des royaumes du Nouveau Monde,
alors la condition de tous ces états deviendra à-peu-près égale; l'Empire français ne
se trouvera pas plus mal de ce systême que
toutes les autres puissances de l'Europe,
quoiqu'en définitif l'avantage dût en rester
à l'Angleterre, en raison de la multitude
de ses machines, de la supériorité de ses
mécaniques, et de l'immensité de ses capitaux; mais que la France seule renonce à
ses colonies, parce qu'elles sont l'objet de
la cupidité et de la jalousie de ses voisins,
voilà un de ces conseils dont la perfidie n'a
pas même besoin d'être dévoilée; et si le
gouvernement anglais avait à nous en donner
un, il n'en donnerait pas d'autre.

———

§. V.

Différence remarquable entre l'ancienne dépopulation de l'Europe, et celle qui a lieu actuellement.

CE paragraphe commence ainsi :

« Dans les tems anciens, les nations du
» nord, sortant par essaims de leurs rigou-
» reux climats , pour aller dans le midi
» conquérir et habiter des terres plus riantes
» et plus favorisées , etc ».

Des invasions des peuples du nord dans le midi de l'Europe, je ne vois point qu'il soit résulté de dépopulation de l'Europe.

« La dépopulation , dit-il ensuite, qui
» mine aujourd'hui l'Europe depuis la dé-
» couverte du Nouveau Monde , est d'un
» genre tout opposé ». Cela est vrai, car la première n'était qu'un déplacement de po-pulation dans l'Europe, et la seconde est une véritable émigration de l'Europe. Cette manière de raisonner me dispense d'alon-ger la réponse : aussi je n'entrerai pas da-vantage dans la dissertation de M. Carteau, sur l'infanticide usité en Chine , sur l'expo-sition des enfans pauvres chez les Grecs et

les Romains, il nous dit qu'on peut s'en rapporter aux fléaux de la nature. Pour nous débarrasser de la protubérance de notre population, l'auteur est d'avis que nous ne nous inquiétions pas, et il paraît penser qu'il vaut mieux attendre la peste, produite par un excès de population, que de l'exporter sagement et graduellement dans les colonies. Par une peste, tout rentre de suite dans son ordre moyen et habituel; par l'émigration dans les colonies, la dépopulation de l'Europe est d'autant plus alarmante, dit-il, en terminant ce chapitre, qu'elle est inapperçue par sa lenteur, ainsi que toutes les autres calamités attachées à la possession des colonies.

En effet, pour fixer l'opinion publique sur cette dépopulation insensible, je vais citer un fait qui me paraît de quelqu'importance, et dont je garantis l'authenticité.

Dans les années 1786, 1787, 1788 et 1789, je dis à l'époque de l'apogée de la prospérité et de la tranquillité de St.-Domingue, cette colonie ne recevait pas dans le courant de l'année plus de deux mille cinq cent, au plus, trois mille Européens nouveaux (1), et

____

(1) Dans ce nombre, je comprends l'importation

et si quelquefois il arrivait des bâtimens chargés de soixante à quatre-vingts passagers, chose assez rare, ces passagers n'étaient que des colons, que des intérêts de famille, l'éducation de leurs enfans ou les plaisirs faisaient voyager alternativement de France dans la colonie, et de la colonie en France ; mais ces colons ou ces étrangers n'y périssaient pas plus rapidement qu'en France (1).

En 1791, 1792 et 1793, l'importation de la population européenne fut plus considérable, alors elle était motivée par l'émigration volontaire de beaucoup de Français, qui cherchaient le repos et fuyaient les agitations de la Métropole, et par celle de beaucoup d'autres agitateurs qui n'y arrivaient qu'avec le desir, l'intention et les instruc-

____

annuelle des quatre à cinq cents hommes de recrues, destinés aux réglemens coloniaux.

(1) Que l'on consulte les états de mortalité que M. Barbé-Marbois, alors intendant de cette colonie, fit publier en 1787 et 1788, l'on y verra qu'ils étaient très-peu supérieurs, toute proportion gardée, entre la ville du Port-au-Prince et celle de Paris. Il avait suffi d'y amener des eaux pures, et d'élever des fontaines nombreuses, pour rendre cette ville et celle du Cap aussi saines que la plupart de celles d'Europe.

tions nécessaires pour consommer la destruction de la colonie , en y faisant fortune.
Presque tous ont été trompés , et le sol de
St.-Domingue les a engloutis avec leurs es-
pérances, mais il ne faut point établir, quant
à la dépopulation de l'Europe, des calculs
généraux sur des circonstances particulières.

§. V I.

Observations sur la puissance des États Européens qui ne possèdent pas de Colonies.

« **P**OUR décider avec une entière connais-
» sance de cause si le commerce des co-
» lonies est favorable aux puissances qui le
» font, j'observerai si les puissances privées
» de ces possessions en deviennent plus pau-
» vres ou plus affaiblies.

» Ici, je pourrais trancher la question
» à l'égard de la pauvreté. Cet état n'est
» réel que dans un sens relatif, il ne l'est
» pas par lui-même ».

Je conviens avec l'auteur que la pauvreté n'est réelle que dans un sens relatif. Le sauvage qui a peu de besoins est plus aisé avec le morceau de drap qui lui couvre les épaules, son fusil, et des munitions suffisantes pour la chasse, que l'homme habitué à l'opulence des grandes villes ne peut l'être avec 25,000 l. de rente, et je me rappelle à cet égard un mot plein de sens que me dit un homme d'état.

J'avais rapporté d'un voyage fait dans les montagnes et sur les bords de mer de la Norvège, un morceau de pain qui me paraissait devoir donner une idée complète de la pauvreté et de la misère de leurs habitans. Ce pain présentait parfaitement la forme et l'épaisseur d'un carton, il n'offrait aucune idée de cuisson ni de l'action du feu, ce n'était proprement qu'une dessication d'une pâte de farine et de paille d'avoine, mêlée d'un peu de seigle. Je lui observai combien le sort de nos paysans de France, et même des montagnes de l'Auvergne, était préférable à celui de ceux de la Norvège, dont je plaignais le sort, en considérant la qualité de leur pain, il me dit : La misère, la pauvreté n'est pas d'avoir du pain de cette sorte, c'est d'en manquer.

Ce mot plein de sens, rend parfaitement l'idée que la pauvreté n'est qu'un état relatif, mais un état relatif a ses besoins, son éducation, ses goûts et ses habitudes : or, comme les Français sont habitués et ont contracté le goût et le besoin du sucre, du café, des vêtemens de coton, les Français seront pauvres et ruinés, du moment où pour se procurer ces objets de première nécessité, ils seront forcés de recourir à leurs voisins ou aux peuples qui posséderont les colonies qui fournissent ces produits.

Toute dissertation sur la situation de la Prusse, de la Russie, de la Sicile ou de la Turquie, des états de Barbarie, du Japon ou de la Chine, qui existent sans colonies, devient donc inutile; car je doute beaucoup que le Français voulût changer sa manière d'exister, et vivre comme les Japonais ou les Chinois.

§. VII.

Remarques sur les Puissances maritimes tant anciennes que modernes.

Dans ce paragraphe, l'auteur déplore le sort des anciennes républiques marchandes, qui illustrèrent le plus l'Italie, telles que Tyr, Sidon, Carthage et Rhode : il cite également celles de Gènes, Venise, de la Hollande, enfin le Portugal et même l'empire britannique ; il cite les guerres et les destructions auxquelles ces états ont été exposés, comme des exemples effrayans pour la France, et pour tous les états qui possèdent des colonies dans le Nouveau Monde. Il considère toujours ces possessions comme le principe et la source de ces guerres désastreuses qui agitent l'Europe, et il en conclut comme dans ses chapitres précédens, que les gouvernemens qui n'ont point à défendre de colonies, en sont plus riches, puisqu'ils ont moins d'occasions de guerres ; mais il a parfaitement pressenti l'objection qui résulterait de son système, en se rappelant toutes celles que la France a eues à soutenir long-tems avant qu'elle eut des colonies, et celles que l'Allemagne a eues dans le siècle dernier, quoiqu'elle n'offrît point le prétexte de ces possessions : ainsi de ce que Tyr, Sidon, Carthage et Rhode, comme républiques commerçantes, ont disparu du nombre des nations, comme Rome, Sparte, et tant d'autres, qui n'étaient pas des peuples commerçans, il n'en faut pas conclure que la France, l'Angleterre et l'Espagne seront plutôt effacées du nombre des nations de l'Europe, que l'Allemagne et la Prusse, quoique les premiers possédassent des colonies, et que les autres n'en eussent point. L'état de guerre est un état inévitable à certaines époques chez tous les peuples de l'univers, et toute la sagesse des gouvernemens ne consiste qu'à les éloigner ; la nation la plus riche, la plus puissante, la plus étendue, la plus populeuse est précisément celle qui y est la plus exposée, mais elle a aussi plus de moyens de la faire avec succès, et le prétexte n'en réside pas plus dans la possession des colonies que dans mille autres causes soumises au caprice des hommes.

§. VIII.

Caractéres des Peuples marchands.

Ici l'auteur s'attache à faire remarquer que l'esprit du commerce gâte le génie particulier des peuples, qu'il imprime de proche en proche au gouvernement une cupidité de richesses, un esprit d'envahissement, qui l'expose plus qu'un autre à des querelles résultantes de ses efforts pour acquérir ou pour conserver. Je reconnais avec l'auteur que cet état de choses est rigoureusement vrai ; mais il est tellement dans la nature, que l'expérience de dix siècles ne peut ni le changer ni l'améliorer, parce que les hommes, comme les états, sont alternativement attaqués ou agresseurs. Notre guerre aujourd'hui n'a d'autre objet que d'empêcher qu'une nation rivale ne se considère comme unique héritière de Neptune et ne s'empare de son trident ; car s'il est vrai que ce trident soit le sceptre du monde, nous ne pouvons le laisser entre les mains du peuple anglais, sans en devenir les tributaires.

§. IX.

Le peu de forces réelles que donnent à un État le trafic et la navigation.

IL est difficile de cumuler dans aussi peu de mots, plus de raisonnemens captieux qu'en présente ce paragraphe; en voici un très-adroitement présenté par l'auteur.

« La France n'a lutté qu'avec les plus
» grands efforts contre les puissances ses
» voisines, qui n'ont pas de colonies, et,
» ce qui est digne de remarque, elle n'a
» étendu ses frontières, repris son éclat, et
» n'est rentré dans son premier rang poli-
» tique que depuis la révolution, à l'époque
» précise où son commerce extérieur, sa na-
» vigation, sa marine et *la balance de ses*
» *bénéfices* lui étaient devenus complète-
» ment nuls ».

Il faut convenir avec l'auteur de la vé-rité de cet exposé, mais nous ne pouvons être d'accord avec lui sur les causes qui ont produit cet état de choses. La cause s'en trouve dans la double puissance de la France et dans la difficulté qu'il y a toujours à faire de doubles efforts, comme puissance continentale, et comme puissance maritime; depuis la révolution, la France privée en effet de ses colonies, de son commerce extérieur, de ses marins, de sa marine matérielle, a dû laisser l'Angleterre maîtresse des mers; la sagesse du génie qui a conduit ses armes, a dirigé tous ses efforts, d'une manière presqu'exclusive, sur les moyens de faire taire l'intrigue et l'ambition des autres Puissances du continent, une longue série de victoires a placé les bornes de l'Empire sur les limites posées par Charlemagne; un royaume nouveau, une république nouvelle, sont venus accroître l'importance de l'Empire et la sûreté de notre position; mais tandis que par la force de ses armes, l'Empereur assurait la tranquillité du continent, il méditait, il préparait les grandes choses que son génie a fait éclore. Une marine formidable s'est créée dans le silence, tandis que l'Angleterre ne le croyait occupé que des préparatifs d'une flotille immense; déjà le pavillon français flottait sur tous les points dans les Antilles, et se montrait dans tous les ports de l'Océan et de la Méditerranée, alors même que les Anglais ne soupçonnaient pas que la France pût équi-

per dix vaisseaux : c'est ainsi que , déconcer-
tant tous les calculs du cabinet britannique,
et même les calculs politiques de M. Carteau , nous voyons l'Empereur des Français
occupé des moyens de protéger ses colonies ,
et d'assurer à la paix toutes les ressources
d'un commerce florissant. Ainsi , comme
l'Empire français n'est point exclusivement
un Empire commerçant , qu'aux richesses de
son sol il joint toutes les ressources de l'industrie et du commerce extérieur , je me
dispenserai de réfuter les explications que
donne M. Carteau , relativement à la courte
durée des Empires purement commerçans ,
tels que ceux des Assyriens , des Mèdes et
des Babyloniens , et comparant avec plus
de raison les Français aux Romains , j'aime
à espérer pour la tranquillité du monde et
pour la paix de l'univers , que le César du
dix-neuvième siècle humiliera la nouvelle
Carthage , et la forcera à adopter un code
maritime fondé sur le respect dû aux pa-
villons des neutres.

<hr>

§. X.

Quel est le commerce auquel la France devrait se borner ?

C'est ici que l'auteur s'établit le régulateur de la nature du commerce que doit faire la France, et voici, à cet égard, comme il s'exprime :

« La France pouvant, comme l'Angle-
» terre, fournir des bleds et des draps, des
» produits de grandes pêches, lorsqu'elle
» l'entreprendra, et par-dessus tout cela,
» une immense quantité de vins, goûtés de
» toutes les nations, des sels, des huiles,
» des savons, des soieries, mille articles de
» modes, etc., qu'a-t-elle besoin de recher-
» cher au loin d'autres objets de commerce,
» et d'autres moyens de force et de richesses ?
» Qu'a-t-elle à faire de dépenser des milliards
» pour se procurer par elle-même du sucre,
» du café, du coton et de l'indigo qui lui
» coûtent plus qu'elle ne les vend, et des
» étoffes des Indes qui ruinent la plupart
» de ses manufactures » ?

L'auteur n'a pas observé que si la France,

comme l'Angleterre, peut fournir des *bleds*, *des draps* et *des produits des grandes pêches*, cet avantage leur sera commun avec la Suède, le Danemarck, la Batavie, et que rien n'empêchera que l'Espagne et le Portugal n'obtiennent, ne produisent et ne vendent les mêmes objets ; alors si tous ces peuples commerçans font ce même genre de commerce, quels seront les peuples consommateurs ? J'avais pensé que le commerce n'avait de bornes que celles qui résultent de la limite des productions du sol, de l'industrie et des *capitaux* de chaque pays, comment ne pas s'étonner qu'au moment où les capitaux immenses des Hollandais et des Génois, les produits de la riche Italie viennent en quelque sorte de s'associer au commerce français, l'auteur propose de renoncer à nos colonies, et d'attendre des nations voisines, et sans doute de nos ennemis, le sucre, le café, le coton, l'indigo, qui lui coûtent, dit-il, plus qu'il ne les vend. Ainsi d'un côté il indique la nécessité d'avoir de grandes pêcheries, par conséquent une marine marchande, et de plus une marine militaire pour la protéger ; il fait sentir l'utilité de réduire notre commerce à l'exportation des vins, des sels, des huiles, des soieries et de mille articles de mode ;

. et de l'autreil oublie de nous indiquer quels en seront les consommateurs , ainsi que les objets que nous prendrons en échange. J'épargnerai à M. Carteau des observations plus sévères sur le plan qu'il propose de borner le commerce français. Il est évident qu'il ignore , qu'en le faisant renoncer aux Antilles , il lui retranche le tiers de son mouvement actif et passif, et qu'en le réduisant , comme il dit, aux *labours* , aux *pâturages* et aux *pêches* , ces *trois vraies mamelles des états* , il ne pourra alimenter le corps robuste qui constitue le commerce de la France.

§. X I.

Raisons qui déterminèrent le Conseil de Louis XV, à garder les Colonies, sur la proposition qui y avait été faite de les abandonner.

M. Carteau nous annonce, dans ce paragraphe, que des têtes pensantes du ministère de Louis XV, mirent une fois en question : » S'il ne serait pas plus avantageux à la » France d'abandonner les colonies que de » les garder.

» Mais tel était devenu l'esprit général du » siècle depuis la richesse des colonies, que les » commerçans, les banquiers, les financiers, » les fermiers généraux et autres semblables » agioteurs, et même cette ancienne et il- » lustre noblesse résistèrent à la proposition » d'abandon faite par ces têtes pensantes, » ensorte qu'il fut impossible qu'une mûre » réflexion prévît de bonne heure la masse » des maux politiques que devait produire » cette disposition des esprits, et qu'on pré- » jugeât funestes *des propriétés qui don-* » *naient d'aussi grandes sommes et tant*

» *de moyens de vivre splendidement, qui*
» *donnaient à la France une balance*
» *annuelle à la charge de l'étranger dans*
» *son immense débit des denrées des îles*
» *à sucre* : on n'observait que ces résultats
» particuliers, on était ébloui ; le tems
» couvrait alors d'un voile épais les effets
» malheureux qui devaient en résulter ».

Voilà très - littéralement l'extrait de ce paragraphe ; le lecteur verra combien la France est heureuse que M. Carteau ait fait la découverte de tous les maux qui résultaient de la possession de ses colonies : je crois devoir me borner à l'en remercier.

§. XII.

Réfutation de ce qui fut allégué pour conserver les Colonies.

Les raisons spécieuses que l'on vient de lire dans le paragraphe précédent, pourraient être réfutées aisément.

Et voici comme l'auteur les réfute. Je me sers de ses propres expressions.

« J'aurais exposé aux négocians que,
» depuis soixante ans, leurs bénéfices acquis
» dans le cours d'une paix leur avaient été
» enlevés à la première güerre survenue ,
» ou par ses funestes évènemens, ou par la
» piraterie de l'ennemi , et que ces pertes
» fréquentes occasionnant de nombreuses
» faillites , réduisaient à l'aumône mille
» autres propriétaires ou fournisseurs ; je
» leur eusse nié que la France fournit, à ses
» colonies, quantité de choses provenues ou
» travaillées chez eux : je n'en vois de ce
» genre que ses vins, de l'eau - de - vie en
» liqueurs, des farines de belle qualité , des
» huiles, des savons, peu de draps et de

» soieries, des grosses toiles, des Bretagnes;
» des Morlaix, des Gingas ».

Pour n'être point exposé à me répéter, je répondrai complètement et arithmétiquement, dans un autre paragraphe, à cette manière d'analyser le commerce de la métropole avec les colonies.

L'auteur ajoute à la longue tirade qu'il qualifie de réfutation, et que je me suis borné à extraire :

« On pouvait encore réfuter avec autant
» de facilité le besoin d'une puissance ma-
» ritime de guerre; elle n'est nécessaire
» qu'aux états qui ont des colonies à pro-
» téger et qui doivent supporter les guerres
» qu'elles occasionnent, en abandonnant les
» nôtres; cette nécessité aurait disparu, des
» armées navales nous eussent été aussi
» inutiles qu'à l'Allemagne et à l'Italie ».

Mais ici M. Carteau oublie qu'il nous a dit dans le paragraphe X, que les *labours*, les *pâturages* et les *pêches* sont les trois vraies mamelles des états. Si par les pêches, il n'a voulu dire que la pêche du poisson frais, le long de nos côtes, j'ai mal saisi le sens de sa phrase, mais alors c'est une bien petite mamelle pour un grand état; s'il a voulu dire les pêcheries de la morue, du hareng et de la baleine, il a encore tort, car ce genre de commerce exige la protection du Gouvernement et l'existence d'une marine militaire pour le défendre. Personne en effet n'a oublié qu'au commencement de la Guerre de 1756, les Anglais, avant même de la déclarer, nous enlevèrent vingt mille matelots employés à la pêche à Terre-Neuve ; or, puisqu'il faudra, dans le système de M. Carteau, une marine militaire pour protéger nos pêcheries, ne vaut-il pas autant la conserver pour étendre et protéger des possessions riches, qui nous donnent dans tous les marchés de l'Europe une prépondérance de commerce et une balance favorable que l'évidence ne peut nier. Si, en déclamant contre le défaut d'esprit public qui nous conduit à consommer tous les jours davantage de sucre, de café et de coton, pour lesquels nous sommes devenus tributaires de nos ennemis ; si, dis je, les déclamations ou les exhortations suffisaient pour faire changer d'habitudes et de goût, au tiers ou peut-être à la moitié des habitans de l'Empire français, peut-être conviendrai-je avec l'auteur qu'aussitôt que nous serons privés de nos colonies, il serait raisonnable de nous priver de ces objets ; mais comme chez les riches ainsi que chez les pauvres, et dans presque toutes les circonstances, l'attrait de la consommation et de l'usage s'accroît toujours par la difficulté d'obtenir, nous employons aujourd'hui, toute proportion gardée, plus de sucre et de café qu'à aucune époque antérieure à la révolution ; ainsi donc, aussi long-tems que la puissance du Gouvernement ou la réflexion ne changeront point cet état de choses, je pense qu'il est inutile d'insister sur l'adoption d'un système dont tous les résultats seraient au profit de nos ennemis.

§. XIII.

Les lois antiques en prohibant le commerce extérieur , avaient cherché à prévenir l'égoïsme de la cupidité et de la démoralisation des esprits.

L'AUTEUR nous parle ici des lois antiques et des antiques législateurs qui , vraisemblablement en vue de prévenir l'oubli du bien public (qu'il reproche aux Français),« avaient
» défendu le commerce maritime , comme
» le plus hasardeux , et aussi celui dont les
» bénéfices sont les plus grands et finissent
» par produire un égoïsme pernicieux. Les
» richesses , enseignent-ils , engendrent le
» le luxe , et celui-ci , non seulement affaiblit
» le corps , mais il relâche tous les ressorts
» de l'ame et corrompt les cœurs ».
Telles sont les expressions littérales de M. Carteau ; mais comme il s'est dispensé d'indiquer ces lois antiques et de nommer ces législateurs anciens , je me dispenserai de prolonger la réfutation de cet article. J'observe seulement qu'il laisse percer l'opinion qu'il n'y a pas de peuple plus heureux sur la terre

que les Chinois, qui , depuis une *quantité de siècles* , entourés d'une muraille qu'ils ne franchissent jamais, et d'une mer sur laquelle ils se gardent bien de naviguer, conservent la pureté de leurs mœurs , l'uniformité de leur gouvernement , l'ancienneté de leurs habitudes et l'antiquité de leurs lois.

Il résulte tout naturellement des réflexions de M. Carteau , que le peuple français est un des plus malheureux , car « telles sont
» les conséquences, les unes inévitables, les
» autres très-possibles , qu'entraine avec lui
» le commerce étranger et lointain ; on peut
» s'assurer de l'étendue et de la bonté des
» vues de ces antiques législateurs, en con-
» sidérant les effets qu'ont produit , sur les
» esprits et les mœurs des Européens , la
» découverte des deux Indes et le commerce
» qu'ils y font, en voyant comme quoi toutes
» les affections loyales , humaines et géné-
» reuses sont venues s'absorber et se perdre
» dans la seule soif de l'or ».

Je laisse au lecteur français le soin de témoigner à l'auteur la reconnaissance qu'il mérite pour avoir osé sonder les plaies que nous fait notre commerce maritime.

§. XIV.

Quelle aurait été la position commerciale de la France si elle n'avait point eu de Colonies ?

Ici l'auteur reproche au Gouvernement antérieur « d'avoir laissé choir les avanta-
» geuses pêches de la morue, de la baleine,
» du hareng, et d'avoir sacrifié pour les
» colonies à sucre, celles de la baie d'Hudson,
» Terre-Neuve, l'Acadie, le Canada et la
» Louisiane, ou, comme il l'exprime au
» paragraphe IV, d'avoir cédé les colonies
» nécessaires et conservé les colonies super-
» flues »; et on lit, dans ce long paragraphe,
cette épisode remarquable :

« Si la France, au lieu de se procurer à
» grands frais des objets superflus et souvent
» nuisibles, dont tout autre peuple peut
» défendre l'importation chez lui sans en
» souffrir, se fût contentée des siens ; si elle
» eût eu la prudence d'être forte de ses
» forces naturelles, et riche de son opulence
» territoriale et industrielle ; en paix avec
» des rivaux de commerce à l'abri de voir

(45)

» diminuer sa population et de dépenser
» ses trésors, le labour, le pâturage et les
» pêches de mer, lui eussent fourni des
» matières premières en plus grande quan-
» tité qu'elle n'en a eu depuis que des
» colonies ont exigé tant de bras et fixé
» l'attention générale ».

C'est ainsi que le savant auteur de l'*Examen politique* nous trace un nouveau Code de
Gouvernement, et qu'il établit avec habileté
que si nous n'avions pas de commerce, nous
serions en paix avec nos rivaux de commerce;
ce plan est d'autant plus séduisant, que
dans son système, en supposant « que la ba-
» lance en faveur de la France ne fût que
» de 5 à 6,000,000 par an, elle serait plus
» réelle et plus avantageuse que celle de
» 70,000,000 *qu'elle recevait précédemment*
» *de la vente de ses denrées coloniales* ».

J'examinerai un peu plus loin si en
effet l'abandon de nos colonies ne nous lais-
serait pas sans emploi beaucoup de nos
produits territoriaux ; mais je n'examinerai
pas si les étrangers sont assez amoureux de
« *la gentillesse de nos modes et de l'élé-*
» *gance de nos ouvrages d'orfévrerie* », pour
consommer ce que nous pouvons en faire.
Je dirai seulement qu'il est absurde d'invo-

quer l'exemple et la comparaison des États-Unis d'Amérique , dont l'agriculture est si florissante sans avoir de colonies. Il faut avoir bien peu de connaissance des choses pour offrir un pareil point de comparaison.

Les États-Unis d'Amérique n'ont point de colonies , ni dans les Indes orientales ni dans les Antilles , mais la guerre , les désastres de nos colonies , de celles des Espagnols , de celles de nos rivaux leur en ont ouvert tous les ports; ils en ont recueilli à nos dépens tous les profits , et dès 1790 , ils faisaient avec la seule colonie de St.-Domingue , pour plus de 15,000,000 de commerce actif et passif : ce commerce a toujours pris en leur faveur un degré d'accroissement relatif à l'état d'abandon dans lequel nous les avons laissées par les conséquences de la guerre; d'ailleurs comment donner pour exemple à la France , pour point précis de comparaison, les États-Unis , dont le pavillon flotte sans obstacle sur toutes les mers du monde, dont la prospérité s'établit sur les malheurs de l'Europe , qui ont un grand superflu de toutes les choses nécessaires , dont enfin la culture se développant sur des terres sans limites , marche encore plus vîte que la population ?

L'auteur a bien. pensé en écrivant cet article , qu'on lui objecterait puissamment que si la France renonçait à ses colonies , et si les autres puissances conservaient les leurs , elles n'y admettraient probablement pas le commerce français ; en conséquence voici comment il résout cette objection.

« Si les Français en eussent été empéchés
» par des lois prohibitives (d'aller dans les
» autres colonies), ils n'y auraient perdu
» que les bénéfices du transport. Les pos-
» sesseurs de ces îles seraient venus chez
» nous acheter ces denrées, plus indispen-
» sablement que nous ne tirions de nos voi-
» sins les marchandises dont elles avaient
» besoin, et que nous ne pouvions plus leur
» fournir. Dans cette supposition , la France
» eût-elle payé le café 6 fr. la livre , le sucre
» 100 écus le quintal et les autres denrées
» à proportion ; à ces prix exorbitans , ces
» objets lui seraient revenus à meilleur mar-
» ché qu'en les recevant pour rien de ses
» colonies, à la charge d'en supporter le poids
» aggravant et les funestes effets que j'en
» ai exposés ».

On voit par ce calcul qu'il est difficile d'être plus habile calculateur que M. Carteau ; il termine ce paragraphe en disant :

» que l'histoire de France peut nous con-
» vaincre que ce royaume eût toujours dans
» son sein et sans le secours des richesses
» coloniales, des ressources qui suffisaient
» à la sortir des situations les plus fâcheuses,
» tel que cela se voit particulièrement sous
» les règnes de Philippe Auguste, Charles V,
» Charles VII, Louis XI et même sous
» Henri IV ». Or, si nous avons eu beaucoup de guerres avant d'avoir eu des colonies, qui nous garantira la paix quand nous
y aurons renoncé? et si la France a pu se
relever à la paix, sans le secours des richesses
coloniales, combien plus rapidement ne ré-
parera-t-elle pas les maux de la guerre en
les conservant ?

Je fais grâce à l'auteur de toutes les réflexions que fait naître sa manière étonnante
de raisonner.

§.

§. XV.

Si la France a besoin de Colonies pour conserver son rang politique parmi les Puissances Européennes.

M. CARTEAU observe que la France ne doit point aspirer au double empire de terre et de mer, et qu'elle ne peut conserver entières ses forces de terre, qu'en renonçant à la possession de ses colonies.

D'abord, je demanderai à l'auteur, qui lui a fait la confidence que la France visât au double empire de la terre et de la mer ? La France, si j'ai bien saisi l'esprit de son gouvernement, n'aspire qu'à la liberté des mers, et non point à leur empire. Le Français n'est armé contre l'Anglais, que pour lui disputer l'empire injuste qu'il a usurpé, mais non pas pour le prendre à sa place : tous les efforts de la nation et de son auguste chef, ne tendent qu'à être maîtresse de ses propres destinées et en Europe et dans ses colonies. Ainsi il n'est pas plus question de renoncer aux colonies pour devenir dominateurs sur le continent, qu'il n'est question

d'abandonner nos limites en deçà du Rhin,
pour ne devenir qu'une puissance maritime,
dominatrice des mers à la place des Anglais.

D'après le systême d'abandon des colonies
que protège M. Carteau, il établit un systême commercial, dont voici l'extrait lit-
téral.

« En paix avec l'Angleterre, comme nous
» le sommes avec toutes les autres puissances
» de l'Europe, relativement au commerce,
» cette rivale cessant de l'être, loin d'acca-
» bler d'impôts l'entrée de nos vins et de
» nos eaux-de-vie, les recevraient avec fa-
» veur, comme des objets d'un échange na-
» turel et réciproque, et de la même ma-
» nière qu'ils sont pris par toutes les puis-
» sances du nord. Sans doute aussi qu'alors,
» au lieu d'aller dans la mer Baltique et
» vers la Crimée, se pourvoir de blé, dont
» aujourd'hui elle manque annuellement,
» elle donnerait la préférence aux nôtres,
» qui seraient sous sa main : elle la donne-
» rait à nos sels, bien moins corrosifs dans
» les salaisons que ceux du Portugal, ainsi
» qu'à quelques autres de nos productions.
» Dans cet état de paix et de bonne ami-
» tié, la seule concurrence qui existerait
» entre les deux nations, ne serait que dans

» le prix des objets manufacturés exportés;
». mais la décision de ce point ne dépendrait
» point des armes, le choix des étrangers
» la terminerait.

» Ces raisons, étayées de l'inutilité d'une
» lutte sur mer avec l'Angleterre, depuis
» un siècle et demi, au sujet de nos colonies,
» pendant laquelle nous nous sommes beau-
» coup plus affaiblis qu'elle, en lui cédant
» toujours quelques-unes de ces possessions;
» ces raisons, dis-je, devraient nous conseiller
» impérieusement de nous préparer à dé-
» laisser un jour ce qui nous en reste, si
» nous ne pouvons le garder qu'au prix des
» efforts précédens, et moyennant autant de
» dépenses et de sang répandu ».

M. Carteau, après avoir présenté son nouveau traité de commerce, nous dit : « On ne
» saurait courir deux lièvres à-la-fois, sans
» risque de n'en avoir pas un ». Moi je lui
répondrai, pour me servir d'une comparaison aussi triviale que son proverbe : si l'homme
le plus robuste, qui a contracté une longue
habitude comme celle du tabac, des liqueurs
fortes, ou même du thé, ne peut y renoncer brusquement, sans produire dans sa cons-
titution physique un changement dangereux,
je dis qu'un corps politique, quel qu'il soit,

ne peut éprouver une diminution ou une augmentation de puissance, sans que toute son habitude politique n'en éprouve les effets plus ou moins fâcheux, et plus ou moins sentis par ses voisins, et j'oserais dire que du moment où la France renoncera à ses colonies, ou, ce qui est la même chose, aux deux tiers de son commerce actif et passif, le repos du reste de l'Europe sera en danger.

L'auteur nous dit encore :

« Abandonnons de nous-mêmes ces faux
» brillans qui embellissent un état sans lui
» donner de la solidité ».

J'ignore s'il s'attend à des remercîmens pour avoir eu le courage de nous donner un pareil conseil ; quant à moi qui ai fort peu de confiance dans ses avis, et qui me défie infiniment de ses opinions, je lui donnerai cet autre conseil.

Abandonnons-nous à la sagesse du grand homme qui, le 18 brumaire an 9, s'est chargé des destinées de la France, qui lui a rendu la paix et lui conserve cette superbe colonie, objet éternel de la jalousie de nos rivaux ; abandonnons - nous à sa sollicitude pour le bonheur des Français et le repos de l'Europe.

§. X V I.

Quelle est la base sur laquelle repose le plus l'existence politique de la France?

En lisant la question posée pour titre à ce paragraphe, on s'attendrait à lire une discussion intéressante sur les bases qui servent de fondement politique à la puissance de l'Empire français; mais ici, comme ailleurs, l'espérance du lecteur est déçue. L'auteur examine d'abord le caractère des Gaulois, et ensuite des Français depuis Clovis jusqu'à Henri IV. Il était alors fondé sur un esprit martial, une valeur guerrière, un ardent amour de la gloire et de la renommée.

Il l'examine depuis Louis XIII, époque où l'on commença à s'occuper sérieusement des colonies, jusqu'à l'*aurore* de la révolution. Alors nos vertus morales et guerrières devinrent moins vives, et à l'amour de la gloire et de la renommée succédèrent l'ambition des richesses, la cupidité et l'égoïsme, conséquence de ces passions. « Cette dégradation » du caractère national, dit-il, est une des

» causes du déclin qu'avait subi le rang
» politique de la France ».

D'abord on pourrait , avec quelqu'avantage , établir la discussion sur le point de savoir si , en philosophie et en morale, les vertus paisibles et tranquilles qui naissent de l'habitude du travail et de l'application à l'agriculture et aux arts ne sont pas préférables aux vertus guerrières qui ont fait des Macédoniens et des Romains le fléau de l'Italie et de l'Europe ; mais cette discussion n'éclairerait pas la question posée par M. Carteau, qui ajoute que « la France , quoique bordée
» à l'ouest et au midi de longues côtes, n'en est
» pas moins un état agricole ; c'est la seconde
» considération prépondérante qui doive in-
» fluer sur la nature de son gouvernement.
» La troisième considération, c'est la position
» géographique du royaume. J'ai parlé, dit-
» il, de celle de la France, elle lui impose la loi
» d'être toujours en mesure de repousser avec
» *supériorité les ennemis du continent* ».

Comment , M. Carteau , la France , après avoir abandonné ses colonies, sera donc encore exposée à avoir des ennemis sur le continent ? Ce n'est donc que pour en avoir un de moins que nous ferons ce sacrifice à l'Angleterre ?

Puisqu'il en est ainsi, le sacrifice est de beaucoup supérieur au danger : ainsi je pense qu'il vaut mieux conserver tout ce que nous avons, au risque d'avoir les Anglais pour ennemis et pour rivaux.

§. XVII.

Ce qui est arrivé à la France et à l'Angleterre , lorsque leurs entreprises militaires sont sorties du genre de force qui leur est le plus naturel.

Le résumé de ce paragraphe , c'est que nos forces navales ne peuvent se mesurer avec celles des Anglais , et que les forces de terre de l'Angleterre ne peuvent se mesurer avec les nôtres.

Je n'examinerai pas si les circonstances particulières peuvent justifier en thèse générale cette première partie de la proposition. Je conviendrai qu'une longue expérience a prouvé la vérité de la seconde partie; mais j'en conclurai que dans l'art destructeur de la guerre, comme dans tous les arts possibles que fait fleurir la paix , la supériorité tient à l'habitude, au goût et à la tenacité dans le genre des occupations , et que sous ce seul rapport, sans aucune autre considération, les troupes françaises doivent avoir, sur terre, un grand avantage sur celles de l'Angleterre;

et par la même raison les marins anglais doivent en avoir sur les marins français à la mer; mais je ne tirerai pas de cette vérité reconnue la conséquence, qu'il faut que la France renonce à être une puissance maritime pour se borner à n'être qu'une puissance continentale.

§. XVIII.

Différence entre les Français et les Anglais relativement à leur penchant pour la navigation.

---

§. XIX.

Parallèle de la marine anglaise et de la française.

JE confondrai , dans une réponse , deux paragraphes qui ne sont, qu'un détail des avantages bien connus de la position géographique des Anglais, pour tout ce qui concerne la marine ; qu'une diatribe contre l'ancien gouvernement et contre l'organisation de sa marine militaire. L'écrivain a réuni avec soin les reproches qui ont été tant de fois répétés et qui sont sentis depuis si longtems ; mais comment arrive-t-il que ce soit au moment où le génie créateur de NAPOLÉON fait sortir des forêts une marine matérielle, qu'il régénère l'esprit des marins et rétablit leur discipline, qu'il vivifie ce ministère important ; que ce soit, dis-je, le moment que choisit M. Cartean pour réveiller tous les reproches contre l'ancienne administration de la marine ?

§. X X.

Différence de conduite entre les Français et les Anglais dans leurs premiers établissemens des Colonies.

L'AUTEUR se plaint de ce que l'ancien gouvernement avait soumis au privilége exclusif l'établissement et l'exportation des produits de toutes nos premières colonies, de ce qu'au lieu d'y appeler ou favoriser à notre profit l'émigration de tous les hommes et des capitaux utiles que faisait fuir de la France la révocation de l'édit de Nantes, on y avait long-tems entretenu un esprit d'exclusif qui retarda leur prospérité. L'auteur met en opposition à cette conduite d'un gouvernement qui hasardait avec défiance des essais sur les colonies, celle d'un gouvernement anglais qui, dans ses établissemens dans l'Amérique septentrionale, montra des vues plus libérales pour la prospérité du commerce et un systéme de tolérance religieuse qui contribua si puissamment à la population des diverses provinces qui établissent aujourd'hui la puissance des États-Unis.

Mais en lisant ce paragraphe, on se demande naturellement le *quid boni ?* Quelle utilité de rappeler les erreurs d'un gouvernement, effacées par quatre-vingts ans d'un système contraire et meilleur ? quel avantage à établir toujours des oppositions pour faire ressortir la supériorité apparente du gouvernement anglais ? Il faut avoir une anglomanie bien prononcée pour établir de semblables parallèles. Si je ne considérais la discussion comme oiseuse, j'entreprendrais de prouver que le système de gouvernement et d'administration des colonies adopté et suivi, de 1760 à 1790 était bien supérieur à celui des Anglais, et que toutes nos Antilles et sur-tout St.-Domingue, avaient pris un tel accroissement, un tel ascendant sur les colonies anglaises occidentales, que dès que les Anglais s'en sont apperçus, ils n'ont rien négligé pour les perdre et les anéantir (1).

––––––––––

(1) Il ne faut, pour s'en convaincre, que lire le discours du Duc de Clarence au Parlement d'Angleterre, au commencement de la guerre actuelle.

§. XXI.

Raisons qui s'opposaient en France à la grandeur du commerce, et celles qui le favorisent en Angleterre.

L'AUTEUR indique dans ce paragraphe, les raisons qui doivent assurer la prospérité du commerce , et celles qui la retardent en France. Il remarque avec vérité que la profession du commerçant est plus honorée en Angleterre qu'elle ne l'était en France ; qu'en Angleterre comme en Hollande, de puissantes maisons s'y perpétuent de père en fils, que la plus haute noblesse, les pairs, les héritiers de la couronne, le roi lui-même, ne dédaignent pas de s'intéresser dans des manufactures , et qu'enfin le parlement et la cour , dans tous leurs systémes de politique , d'administration et de fiscalité , mettent en première ligne de délibération les avantages ou les inconvéniens qui peuvent en résulter pour le commerce.

Je conviendrai avec l'auteur que , sous ce point de vue , l'Angleterre a sur nous une supériorité qu'il serait absurde de contester; mais sous un gouvernement qui a déjà réformé *tant d'erreurs*, corrigé *tant d'abus*, réparé *tant de malheurs*, comment ne pas espérer que nous arriverons à un système d'administration et de finance, tellement combiné avec la prospérité des manufactures et du commerce, que la France rivalisera désormais, avec avantage sur tous les points, une Puissance qui tire toute sa force de cette heureuse combinaison.

§. XXII.

Fautes plus récentes de la Nation et de son Gouvernement envers le Commerce.

Ici l'auteur relève avec avantage, avec une sorte d'énergie, et sur-tout avec beaucoup de vérité, les fautes commises à la suite du traité de paix de 1763, et les conséquences du funeste traité de commerce de 1786.

Il observe sur-tout avec courage, combien nous sommes loin de cet esprit de suite dans nos opérations commerciales, qui fait triompher de tous les obstacles, et plus loin encore de cet esprit public, qui réduit en Angleterre le marchand de modes ou d'étoffes françaises, à se cacher dans le quartier de Westminster, sans oser paraître dans celui de la cité, parce qu'il y serait exposé aux avanies de la populace, qui voit toujours avec déplaisir quelques Anglais tributaires de nos goûts et de nos modes.

Je crois devoir citer, et je le fais avec plaisir, les propres expressions de l'auteur.

« Que nous sommes loin de cet esprit pu-
» blic ! A la suite du traité ci-dessus, en

France

» France on se pressait pour avoir des mar-
» chandises de fabrique anglaise. On y cou-
» rait de toute part ; rien n'était bon, bien
» travaillé, supérieurement exécuté, que les
» ouvrages qui en sortaient. On s'en procu-
» rait à quelque prix que ce fût : on payait
» volontiers 100 louis une chaîne de montre
» en acier.

» Bientôt on vit la France inondée de
» draps, de flanelles, de casimirs, de came-
» lots, de velours de coton anglais, on n'es-
» timait que les basins du même pays, ses
» bas et ses bonnets de laine ; son horloge-
» rie, son fer-blanc, ses cuirs, ses grès, ses
» cristaux et son cuivre travaillé. Ses che-
» vaux encore et ses voitures faisaient les
» délices des riches et des grands, de ces
» personnages qui, à la Cour comme dans
» les provinces, donnent le ton et des modes
» et des goûts, assurés d'être généralement
» suivis ; ce travers n'est point effacé, même
» aujourd'hui ».

Il est si vrai de dire que ce travers n'est
point effacé, que même aujourd'hui il est
difficile de se promener dans les rues de
Paris, sans y rencontrer l'annonce d'une
boutique où quelque chose ne soit à l'anglaise;
et le marchand ignorant, qui vend ou

publiquement ou furtivement des étoffes fabri-
quées en Angleterre, ne s'apperçoit pas qu'en
gagnant dix, quinze et vingt pour cent sur
l'étoffe qu'il a vendue, il prive son pays du
capital de sa vente, qu'il faut envoyer en
Angleterre pour solder son importation clan-
destine ; et c'est ce même marchand qui
jette les hauts cris sur la rareté du numéraire, dont il se dépouille volontairement
au profit de nos ennemis. Il n'y a donc sur
ce point que la volonté du gouvernement, je
dirai même, son simple desir qui puisse nous
rappeller à cet esprit public, seul protecteur
des produits, soit locaux, soit industriels.

Le jour où S. M. a témoigné le déplaisir
de voir à sa Cour des hommes ou des femmes
parées d'étoffes anglaises quelles qu'elles
soient, a été plus funeste au commerce anglais que la perte d'une flotte; et le jour où
l'on bannira de nos tables, le luxe effrayant
des bombons et des sucreries, et l'usage du
café (1), on aura consommé une des plus
importantes opérations de finance qui puisse
retenir le numéraire en France.

En lisant ce paragraphe et le précédent,
le lecteur sera surpris de remarquer, non

---

(1) Cette opération serait utile aussi long-tems que
durerait la guerre et que nous serons privés de nos
colonies.

une réfutation, mais un acquiescement di-
rect de ma part aux opinions de M. Carteau.
J'aurais desiré qu'il eût été absolu, mais
cet écrivain termine ce paragraphe par ces
mots assez remarquables.

« J'ajouterai qu'il sera toujours impossi-
» ble à ce peuple soumis au gouvernement
» d'un seul, d'avoir une banque nationale,
» établissement qui multiplie si fort le nu.
» méraire, mais qui ne peut se soutenir avec
» succès que dans un état libre ou qui croit
» l'être ».

Il faut sans doute regretter que M. Carteau n'ait pas cru devoir donner plus de développement à son assertion; mais la manière dont elle est présentée ici, est au moins
inconsidérée, car il n'est permis à personne
de répandre de la défiance, ou de provoquer
l'inquiétude sur un établissement si digne
de la confiance du commerce, et qui repose
sur l'intérêt de tous, et la sauve - garde du
gouvernement.

*Une banque nationale ne peut exister
sous le gouvernement d'un seul.* L'empire
britannique n'existe que sous le gouvernement d'un seul, et néanmoins on présente
sa banque comme le modèle des établissemens en ce genre; *elle ne peut exister que*

dans un état libre : or , je le demande , l'empire britannique est-il la terre de la liberté ? Interrogez les Anglais , les Écossais et surtout les Irlandais.

Vous vous trompez donc , M. Carteau , une banque existe et prospère dans tous les pays où l'intérêt du commerce est sagement lié avec celui du gouvernement, dans tous les pays où la confiance appelle les capitaux à un emploi utile , et en fait circuler sans inquiétude des signes représentatifs certains, par-tout où le gouvernement se borne à porter sur cet établissement un œil protecteur et observateur, pour empêcher que son institution ne soit violée; par-tout enfin où il s'interdit d'y porter une main administrative, et j'espère n'être pas déçu dans les vœux que j'ai déjà formés, de voir à la paix s'établir un système de banque assez vaste , assez bien combiné , pour que les principales villes de manufactures et de commerce de l'Empire, en retirent les avantages qu'elles ont droit d'en attendre (1).

____

(1) J'ai fait imprimer l'année dernière un projet de Banque des départemens, dont le plan a paru présenter quelques dispositions utiles. L'exécution , à la paix , en deviendrait nécessaire si la Banque de France ne s'organisait pas de manière à étendre son service dans les départemens.

§. XXIII.

Richesses assurées à la France dans le commerce des productions de son sol, et des ouvrages de son industrie.

ICI, je me vois encore forcé de rappeler les expressions textuelles de l'écrivain ; les voici :

« Telles sont les nombreuses considéra-
» tions qui doivent déterminer la nation
» française à ne point établir sa puissance
» et sa fortune, non sur le commerce en gé-
» néral, mais sur une de ses branches qui
» lui est un sujet perpétuel de guerres, une
» cause permanente de dépopulation ; ce qui
» a porté la langueur et le dépérissement
» dans les forces de tous les royaumes qui
» l'ont exercé. Ses goûts, son caractère do-
» minant doivent encore l'en détourner,
» ainsi que les copieuses ressources que lui
» offre l'intérieur de son empire, et la pas-
» sion des étrangers pour ses modes et ses
» colifichets ».

Un peu plus loin il dit encore :

« Toutes ces choses l'engagent conséquem-
» ment à se borner à être agricole et ma-
» nufacturière, puis à être marchande des

» produits de ces deux professions. Dans ce
» système , la France serait plus habituel-
» lement à l'abri des démêlés commerciaux ,
» constamment plus heureuse dans toute
» l'étendue de son sol , au cœur , comme à ses
» extrémités , ses habitans en seraient plus
» également riches , et les moyens de vie et
» d'activité si nécessaires à l'agriculture et
» aux arts , se rapprocheraient près des lieux
» qui en auraient besoin ». Enfin on lit :

« Sa tranquillité devrait même l'engager
» à renoncer aux grandes pêches de mer ,
» si pour se procurer des harengs , de la
» morue et des huiles de balaine et de pois-
» son , il lui faut avoir une marine ».

Résumons ce raisonnement et mettons-le
en chiffres pour en rendre l'intelligence plus
facile. D'abord , nous avons vu l'écrivain
nous dire au paragraphe X : Les *labours* , les
pâturages et la *pêche* sont les trois vraies
mamelles de l'état , et l'on voit au paragraphe
XXIII , qu'il faut se réduire aux *labours* et
aux *pâturages* ; car ce serait acheter le poisson trop cher, s'il fallait une marine pour protéger les pêcheurs.

Or, quel est en France la valeur des produits du sol susceptibles d'exportation et de
servir d'aliment au commerce extérieur ? Je

vais, à cet égard, présenter des résultats aussi certains qu'il est possible de les obtenir sur des matières de ce genre. Je les tire d'un état général de population et de commerce des principales puissances de l'Europe et particulièrement de la France en 1789. Cet état publié par M. Mozard, en l'an 2, *sous les yeux de la convention,* m'a paru mériter d'autant plus de confiance pour ses résultats généraux, que j'ai eu occasion de vérifier ses résultats particuliers pour la partie des importations et des exportations de l'île de Saint-Domingue.

J'y trouve que l'exportation des produits du sol s'élève à.. 55,000,000

Mais dans cette somme, nos colonies des Antilles seulement figuraient pour une consommation de.................... 32,000,000

Ainsi comme dans le systême de M. Carteau, nous ne devons plus avoir de colonies, notre exportation à l'étranger se réduira, pour cette partie, à... 23,000,000

Et la France sera, selon le systême de M. Carteau, d'autant plus riche qu'elle aura, chaque année, un excédant de produits sans emploi, de plus de..... 32,000,000.

Poussons-en plus loin l'examen.

La France paraît acheter, chaque année, en matières premières, pour l'aliment de ses manufactures, pour une valeur de 113,000,000.

Mais elle exportait, chaque année, en objets manufacturés par elle (1). 117,000,000.

Il convient d'en déduire, puisque nous n'aurons plus de colonies, la consommation des Antilles. 32,000,000

La consommation faite à la côte d'Afrique pour valeur des Africains importés dans les colonies, ci par aperçu............ 20,000,000

Plus, la consommation faite par le commerce des Indes et de la Chine..... 12,000,000

} 64,000,000

Ce qui réduit l'exportation de nos objets manufacturés dans les autres parties du monde à...... 53,000,000

(1) On est étonné de voir que l'exportation des marchandises manufacturées en France, n'est supérieure à l'importation des matières premières tirées de l'étranger que de 4,000,000, ce qui tendrait à ne faire supposer le bénéfice des manufactures que d'une somme modique de 4,000,000; mais le lecteur ne perdra pas de vue que la somme des objets manufacturés en France et consommés sur les lieux même, ne paraît point dans la somme des exportations réelles, et c'est cette somme de consommation qui forme le bénéfice réelle de nos manufactures.

Il résulte de là que nous n'aurons à acheter des étrangers que la moitié de ce que nous leur achetions ; mais il n'en résultera pas moins que nous resterons toujours leurs tributaires pour les objets de matières premières de 60,000,000.

La France importait chaque année, en objets de manufactures étrangères pour une valeur de.................... 40,000,000

Elle exportait en objets d'industrie nationale, une valeur de 42,000,000

Mais dans cette somme, la consommation des colonies occidentales seulement surpassait..... 7,000,000
____

Reste 35,000,000

Je veux bien supposer que cette somme de 7,000,000 soit la quotité proportionnelle des colonies dans la consommation des objets de manufactures étrangères; cet objet d'importation étant égal à celui de l'exportation, il n'en résultera d'autre effet dans la balance générale que deux millions au profit de la France, et voici le résultat final de la situation de cet empire; en le supposant réduit à n'être qu'agricole et manufacturier, c'est-à-dire, en supposant, contre toute vraisemblance, que le gouvernement adoptât les vues

de M. Carteau et qu'il renonçât à son commerce des colonies orientales et occidentales,
la France sera débitrice, chaque
année, pour ses consommations
de matières premières, tirées de
l'étranger, d'une somme de.... 60,000,000

Mais elle n'aura pour acquit-
ter cette importation que les exportations de son sol, réduites,
faute de colonies, à.......... 23,000,000

En sorte que chaque année, elle
soldera en espèces........... 37,000,000

Ce qui veut dire qu'en supposant une
somme de deux millards et demi de numéraire existant en France, en moins de soixante-
huit années, il ne doit pas rester un écu dans
l'empire. Je sais que M. Carteau m'observera
que, devenant agricole, la France pourrait
donner plus de soin à l'éducation des bêtes à
laine, et que nous cesserons, dans quelques
années, de faire sortir du numéraire pour
aller solder les quarante mille balles de laine
que nous fournissent annuellement l'Espagne, la Saxe, la Pologne, la Valachie,
l'Italie et la Barbarie. Cela peut être, mais
c'est un effet nécessairement lent et presqu'insensible, tandis que la disparution du
numéraire est rapide, et que son effet est

presqu'immédiat et toujours croissant dans ses conséquences.

D'ailleurs je répondrai encore, et d'une manière victorieuse, les Français cesseraient-ils tout-à-coup de consommer du sucre, du café, de l'indigo, du cacao et d'autres produits coloniaux ? Si cette consommation ne cesse pas, quelle en sera la conséquence dès que nous n'aurons plus de colonies ? la voici :

En 1789, la France retirait de ses seules colonies de Saint-Domingue, des denrées coloniales, pour une valeur de.... 129,000,000

De la Martinique et dépendances, pour................ 27,900,000

De la Guadeloupe et dépendances, pour................ 24,700,000

Voilà une masse d'importation de..................... 181,600,000

La France, après avoir reçu ces denrées, en exportait pour solder ses opérations avec les étrangers, pour............. 98,000,000

Donc la consommation des denrées coloniales pour les Français, était en 1789, de....... 83,500,000

Ce qui , comparé à la population effective de la France , n'a rien de surprenant.

Or, je suppose que la consommation effective du sucre et du café , soit réduite de moitié , matériellement parlant , comme le prix actuel , comparativement parlant à celui de 1789 est plus que doublé , il n'en restera pas moins démontré que la France n'ayant plus de colonies , paiera aux étrangers qui lui fourniront les denrées coloniales , une balance de plus de 83,000,000.

Mais que sera-ce , quand j'ajouterai qu'il nous faudra encore 18 à 20,000,000 pour solder les tabacs , les planches , les fourrures , les pelleteries , les articles de parfumerie et de pharmacie , sans faire aucune mention des fers , des cuivres, des plombs, des étaims , des mâtures et bois de construction, des chanvres, des brais et goudrons , et enfin d'une infinité d'objets de ce genre , qui nous deviendront peu nécessaires, puisque, *toujours d'après le système de l'écrivain* , nous n'aurons besoin ni de commerce , ni de marine marchande , ni de marine militaire.

Voilà en résumé , les richesses assurées à la France , dans le commerce des produits de son sol et des ouvrages de son industrie : je laissse au lecteur à le juger ; et pour le

faire apprécier, je joins à cet écrit, sous le
n° 1er., un tableau qui n'est qu'un extrait
fidèle de celui que j'ai annoncé, mais dont
les résultats sont en regard les uns des autres,
de manière à frapper les hommes les moins
habitués à peser et réfléchir sur les objets
d'économie et d'intérêt public, et sur leurs
conséquences relatives à la situation politique de chaque pays (1).

---

(1) Voici une réponse victorieuse contre le systême
de M. Carteau ; je la tire des savantes et utiles recherches de M. Jacques Peuchet, sur la Statistique
de la France, ouvrage récemment imprimé.

Je lis aux pages 490 et 491 : « Nous nous bornerons
» à présenter l'énoncé positif de la balance extérieure
» du commerce français, non compris la Chine et
» les colonies, 1°. en 1787, 2°. en l'an 8 d'après les
» états authentiques qui en ont été dressés.

» En 1787, la balance en argent est
» en faveur des exportations, et par-
» conséquent de la France, de....... 44,514,000 l.

» En l'an 8, la balance en argent est
» en faveur des importations, *et par-*
» *conséquent à la charge de la France,*
» de............................... 53,540,800

Que les hommes d'état méditent sur cette différence
effrayante dans la situation de notre commerce en
treize ans, et pour prouver que c'est à l'absence des
importations de nos colonies que cette différence est due
en majeure partie, je rapporte encore les expressions

de M. Peuchet : « Il convient, dit-il page 484, d'ana-
« lyser particulièrement les causes de cette différence.

» Quant aux importations, on apperçoit que nos
» achats en sucre et café ont été beaucoup plus consi-
» dérables que les années précédentes ; les quantités
» de ces denrées reçues en l'an 8 s'élèvent pour les
» sucres à plus de 32,000,000 pesant, et pour les
» cafés à près de 15,000,000. Cette augmentation
» considérable *dans nos achats en denrées coloniales*
» est une première cause de l'accroissement de nos
» importations ».

En effet, voyez quelle immense différence : en 1789
nous exportions chez les étrangers pour 98,000,000
des denrées de nos colonies ; en l'an 8, nous leur en
achetons pour 40,000,000 : de l'an 8 à l'an 13, le prix
s'en est accru de moitié.

Nous lisons encore dans les recherches de M. Peuchet : que l'importation du sucre de nos Antilles, dans
les années qui ont précédé la révolution, s'élevait à
plus de...................... 672,000 quintaux,
celle du café à plus de....... 734,000

Qu'en l'an 11 il a été importé
en France plus de 551,000 quintaux de sucre qui ont payé plus
de........................ 14,600,000 liv. de dr,
Plus, 228,000 quintaux de
café qui ont payé plus de.... 6,600,000
____

Ensemble..... 21,200,000

On pense que l'importation de l'an 11, peut donner
une idée assez exacte de la consommation annuelle en
France de ces deux espèces de denrées coloniales.

§. XXIV.

Réponse à une objection fondée sur la rivale jalousie des autres peuples commerçans.

J'AI relu plusieurs et plusieurs fois ce paragraphe, sans avoir entendu ce que l'auteur veut dire par une réponse à une objection fondée, et je soupçonne même qu'il ne s'est pas bien entendu lui-même, car sur l'objection, *que la France ne peut être commerçante sans avoir de marine*, il s'exprime ainsi :

« Je réponds à cette objection foudroyante,
» que, dans ma dernière supposition, la
» France, ayant renoncé à tout commerce
» extérieur, et vendant chez elle aux étran-
» gers, n'en aurait rien à craindre sur
» mer ».

Il me paraît en effet très-clair que, si nous attendons les étrangers chez nous, nous n'aurons rien à craindre en allant chez eux ; mais cela ne répond point à l'objection, car si nous attendons chez nous, la France n'est plus une nation commerçante, elle est purement agricole et manufacturière, et on a vu plus haut les bénéfices de ce système : or, dans la supposition de son adoption, à quoi bon parler des diverses époques auxquelles la marine française a été détruite et recréée. Dans cette supposition, à quoi bon parler des ports de Boulogne et de Cherbourg, qui menacent perpétuellement l'Angleterre ? Assurément si nous abandonnons nos colonies et notre commerce extérieur, j'oserais être garant que l'Angleterre ne viendra pas nous attaquer, et qu'elle nous laissera bien paisibles comme elle laisse la Prusse et l'Autriche, ainsi que les Puissances continentales, qui n'ont et ne peuvent avoir avec elle aucun point de contact et de rivalité (1).

(1) Les recherches de M. Peuchet, qu'on ne peut se lasser de citer, m'apprennent encore que les dépenses de la marine en France pendant cent un ans, de 1689 à 1789, ont coûté 3 milliards 904 millions. Or il a suffi des vingt-huit ou trente dernières années de la splendeur des colonies pour rembourser la France de cette dépense.

§. XXV.

Autres raisons de regarder nos colonies indifféremment.

Voici, sur ce paragraphe, les premières expressions de l'auteur :

« L'espèce d'anathéme que je prononce
» contre les colonies, paraîtra monstrueux,
» peut-être extravagant ; je sens, en effet,
» que la France, abandonnant aujourd'hui
» son systéme colonial, se jetterait dans une
» situation désavantageuse et difficile; mais le
» mal serait momentané, et il vaut mieux une
» crise passagère de cessation de commerce,
» que la maladie permanente d'un négoce
» ruineux pour l'état, et en dernière analyse,
» pour les trois quarts des particuliers ».

Quand M. Carteau aura prouvé en effet que le commerce des colonies était ruineux pour l'état et pour les trois quarts des particuliers, je partagerai son opinion sur la proposition qu'il fait de les abandonner ; mais jusque-là il me permettra de croire que son systéme est, comme il le dit lui-même, monstrueux et extravagant.

F

Je lis un peu plus bas :

» « Quel dommage recevrait la France, en
» achetant des denrées coloniales de l'étran-
» ger ? J'ai déjà parlé de cette balance *ima-*
» *ginaire* qu'on attribuait à leur débit ;
» l'achat de celles qu'exigerait la consom-
» mation du royaume, le léserait-il plus
» qu'il n'est nuisible aux états européens
» qui n'ont point de colonies ? le léserait-
» il davantage que notre achat du tabac
» étranger » ?

Comment, vous appellez imaginaire la balance attribuée au débit des denrées coloniales ?

De ce que pendant quarante années, de
1726 à 1766, le commerce des Indes orientales, régi sous un systême exclusif en compagnie, a été ruineux pour la France, de
de ce que cette compagnie, presque toute
composée de personnes ayant du crédit
à la Cour, ait obtenu du gouvernement des
priviléges, des secours, une protection dis-
pendieuse, ruineuse même pour le royaume,
s'en suit-il que le commerce des Antilles
ou des Indes occidentales, abandonné à
lui-même, livré à un systême libéral et
de concurrence de la part de toutes les
places de commerce de France, n'ait point
été avantageux ? En est-il moins prouvé

que depuis la paix de 1763, jusqu'à l'époque de la révolution, ce commerce a été toujours croissant ; que, sans exiger de la part du gouvernement d'autres secours que ceux de protection pendant la guerre 1778 à 1783, les colonies ont produit tous les avantages que M. Carteau exprime avec une sorte d'enthousiasme au commencement de son paragraphe III, et qu'enfin la France a acquis un rang distingué parmi les Puissances commerçantes.

M. Carteau dit encore : « Que les peuples » recherchent l'or et l'argent, dans la sup- » position que ces métaux leur sont des » moyens de force et de richesses, et il » ajoute : mais si cela est ainsi, si l'or et » l'argent sont la clef de l'opulence natio- » nale, qu'on m'explique comment l'An- » gleterre qui possède exclusivement ce com- » merce aujourd'hui, se trouve néanmoins » endettée de 12 à 13 milliards ».

Je vais répondre à cette question sans qu'il puisse en résulter une conséquence favorable à son système ou contraire à celui que je soutiens.

D'abord, la dette du gouvernement n'a rien de commun avec celle du particulier. Le particulier peut être riche et le gouvernement très-obéré. Aussi long - tems que ce gouvernement acquitte soigneusement l'intérêt de sa dette, personne ne peut le considérer comme ruiné : sa ruine ne commencera que le jour où les arrérages de sa dette seront en souffrance , et aussi long - tems qu'il y aura confiance du peuple au gouvernement, ce paiement ne sera point arriéré.

J'oserais soutenir que dans un état de paix qui assurerait à la France la jouissance de ses colonies, l'Angleterre doit avoir une balance défavorable contre elle, car ce pays en use comme font toutes les maisons de commerce qui se minent insensiblement : elles existent par la confiance, par leur réputation et en dépit des pertes qu'elles font habituellement , mais qu'elles cachent habilement par des circulations et par un mouvement qui ne permettent pas d'appercevoir le déficit ; déficit qui devient effrayant le jour où ce mouvement s'arrête et où la circulation est interrompue.

Mais quand je considère que l'Angleterre n'a pas le tiers des productions de son sol nécessaires à ses consommations habituelles; que, plus que la France , elle est obligée de tirer de l'étranger presque *toutes* les matières premières de ses manufactures et pour sa marine; qu'elle est tributaire pour ces matières de tous les royaumes de l'Europe; quand j'ai la preuve acquise que même son commerce de la Chine et de l'Inde établit à sa charge une balance de 3,000,000 , je me dis, avec la certitude de ne pas me tromper , que cette Puissance , frappée des désavantages de son commerce , frappée de l'utilité de nos Antilles à notre prospérité, s'est attachée à les détruire , à nous les rendre onéreuses par la guerre , à s'emparer de tous les produits coloniaux pour les vendre à toute l'Europe et à nous-mêmes , pour s'assurer de la balance de commerce que l'on traite aujourd'hui de chimérique et d'imaginaire.

Pour fixer invariablement l'opinion à cet égard , je présente ici un état des importations faites en 1789 , de l'Afrique , de l'Amérique et de l'Asie en Angleterre , comparé à celui des importations faites en France à la même époque et provenant des mêmes endroits. J'ai pensé que ces calculs positifs d'arithmétique qui ne peuvent pas être sous les yeux de tout le monde , éclairciraient plus la question que toutes les assertions et les citations vagues que chacun a , en quelque sorte droit de nier. J'ai accompagné cet état d'observations qui ne sont point étrangères aux résultats.

Je me dispenserai donc d'étendre au delà une discussoin sur cet objet, et je passerai au paragraphe suivant ; mais je ne puis résister au desir d'apprendre à M. Carteau, comment les Anglais raisonnent sur l'importance. de leurs colonies à sucre.

J'ai eu occasion de lire dans le *Morning chronicle* du 22 octobre 1803, à la suite d'observations sur le commerce du sucre entre la Grande-Bretagne et les colonies, les réflexions suivantes :

« Il est digne de remarques que l'expor-
« tation du sucre est un bénéfice important
» pour la mère-patrie, sous d'autres rapports.
» Un surplus d'exportation ne peut avoir lieu
» sans produire aussi un accroissement de
» consommations des objets des manufactures
» anglaises, et une augmentation dans l'em-
» ploi des bâtimens et matelots nécessaires
» pour les trois opérations ; *le transport des*
» *objets manufacturés dans les indes oc-*
» *cidentales ; le retour de leurs produits*
» *en Europe, et l'exportation dans le*
» *continent.* L'accroissement de la culture
» du sucre, pour fournir les marchés de
» l'Europe, est un moyen de *convertir en*

» *argent les produits de l'industrie an-*
» *glaise ,* avec le double avantage qu'il
» s'effectue de manière à nous ouvrir une
» nouvelle source de force navale ; sous ce
» dernier point de vue il est plus important
» d'employer de cette manière les produits
» des manufactures anglaises , que de les
» exporter directement en pays étrangers ».

Voilà comme les Anglais raisonnent des colonies , commercialement parlant : voyons comment ils le font sous leurs rapports avec leur politique et leur puissance.

Ils terminent les réflexions ci-dessus , par cette observation importante :

« La sûreté particulière de la Grande-
» Bretagne , repose sur ses forces navales ;
» sa puissance dépend de son commerce ; un
» débit étendu des produits de son industrie ,
» chez les consommateurs étrangers , produi-
» rait déjà de plus grands avantages , quand
» bien même un seul de ses bâtimens ne
» serait pas employé à en faire le transport ;
» mais pour maintenir et accroître sa force
» navale , il est de la plus haute im-
» portance d'encourager cette espèce de
» commerce qui , en produisant une con-
» sommation avantageuse des produits des
» manufactures anglaises , nécessite l'emploi

» d'un grand nombre de matelots et de
» bâtimens.

» L'excellence du commerce des colonies
» anglaises, résulte de cette heureuse com-
» binaison; *il accroît à-la-fois et les richesses*
» *et la force navale* de la mère-patrie ».

Voilà, M. Carteau, comme les Anglais
raisonnent de l'intérêt de leur pays, et voilà
comme en doit raisonner tout Français bien
intentionné, ou qui a suffisamment réfléchi
sur cet important objet.

Extrait d'un État intitulé : Étendue, Population, Impôts, Forces militaires et Commerce des principales Puissances de l'Europe en 1789, rédigé, publié et imprimé en l'an 2, par Mr. *J. C. Mozard.*

Tableau comparatif des Importations faites en France et en Angleterre par les possessions respectives de ces deux Puissances, pendant l'année 1789.

IMPORTATIONS

	en France.	en Angleterre.
Des Côtes d'Afrique et Échelles du Levant.....	20,000,000	30,000,000
De l'Amérique méridionale et septentrionale.......	7,000,000	18,000,000
Des États-Unis..........	12,000,000	16,000,000
Des Antilles.............	181,600,000	102,000,000
De la Chine et des Indes orientales	20,000,000	75,500,000
La balance générale du commerce extra-européen est en faveur de la France de............	240,600,000	239,500,000
		1,100,000
		240,600,000

OBSERVATIONS.

Il paraît inutile d'observer qu'il n'est question ici

que des importations directes à la France, et non des importations des Côtes d'Afrique en cultivateurs Africains.

Cet état de comparaison ainsi établi, présente aux hommes d'état des observations importantes. Il fait voir de combien sont supérieures, en faveur de l'Angleterre, les importations des Côtes d'Afrique, du Levant, de l'Amérique septentrionale, des Etats-Unis, de la Chine et des Indes orientales; mais que cette supériorité est vaincue par le commerce français, à la faveur des importations des produits des Antilles, et tellement vaincue, que, malgré que les importations des Indes orientales fussent plus fortes que celles du commerce français de 53,500,000 f., celles de nos possessions dans les Antilles étant supérieures aux leurs de près de 80,000,000, il n'en reste pas moins prouvé que la masse du commerce français était, pour la partie des importations, plus forte que celle du commerce anglais de plus d'un million.

Quel sujet de méditation pour l'homme d'état, et quelle explication de plus faut-il pour juger des motifs de la guerre que nous fait le Gouvernement anglais, et qu'il a renouvellée d'une manière indirecte à Saint-Domingue, dès qu'il a su les succès qu'y avait eu l'expédition du général Leclerc ; succès qu'il était impossible de maintenir contre l'appui qu'il donnait aux Noirs.

Un des mystères que dévoile encore l'intéressant tableau, dont celui ci-dessus est extrait, c'est que les exportations de l'Angleterre, pour l'Inde et la Chine, s'élevaient en 1789, à......... 70,000,000

Et les importations de la Chine et de l'Inde s'élevaient à.................. 73,000,000

Ce qui laisse la preuve que ce commerce, dont les Anglais parlent avec tant d'orgueil et qui nous a toujours paru un objet d'envie, leur laisse une balance défavorable, qui doit se solder en espèces de 3,000,000

Ce résultat ne semble-t-il pas expliquer les causes de la rareté du numéraire, en Angleterre ; et en effet, si, comme l'ont supposé quelques économistes, l'Angleterre avait en sa faveur une balance considérable, elle aurait englouti tout le numéraire du monde commerçant ; mais au lieu de cela, il n'y a pas de Gouvernement sur la terre qui porte plus loin l'abus du papier-monnaie et du signe représentatif, preuve irréfragable de la rareté du numéraire.

La supériorité du commerce des Antilles sur celui de l'Inde se manifeste, non-seulement par la plus grande masse de produits, mais par la célérité, la fréquence des voyages, par la multitude des bâtimens et des matelots qu'il emploie, enfin par la division des risques.

En Angleterre, l'arrivée de 2 ou 3 bâtimens de l'Inde, avec des cargaisons de 2 ou 3 millions, devient une époque de réjouissance pour le commerce de Londres, tous les papiers publics en retentissent ; à Bordeaux, il arrivait, dans une semaine, 7 à 8 bâtimens de retour des Antilles, avec chacun une cargaison de 6 à 700,000 fr., et le commerce ne considérait cet arrivage que dans ses chances ordinaires.

Le commerce de l'Angleterre, centralisé à Londres, reçoit par an, de 24 à 28 bâtimens de l'Asie ; la France recevait annuellement, de Saint-Domingue seulement, dans tous ses ports, 5 à 600 bâtimens, du port moyen de 300 tonneaux.

Le charlatanisme des Anglais proclame les avantages d'un commerce onéreux aux particuliers et ruineux pour son Gouvernement. La sagesse du commerce français lui faisait cacher sa supériorité ; mais la publicité que M. Necker a donné aux résultats obtenus dans les Antilles, a dévoilé son secret, dès-lors et de là cette conspiration du Gouvernement anglais contre les Colonies, conspiration qui faisait dire à un membre du parlement, que l'Angleterre ne pouvait dépenser trop d'argent pour anéantir Saint-Domingue, et que peut-être il n'y avait pas dans le parlement de membre assez jeune pour voir le terme de la guerre qu'elle renouvellait en 1803.

§. XXVI.

Si la France doit se défaire de ses Colo-
nies, particulièrement de celle de Saint-
Domingue.

L'AUTEUR s'exprime ainsi :

« Si je n'ai avancé que des choses vraies, si
» mes raisonnemens ont été bien sentis, s'il
» est certain que le Portugal et l'Espagne
» aient été épuisés par leurs colonies..... »
Comme je ne suis point d'accord avec M. Carteau sur ses principes et ses suppositions, j'en
nie toutes les conséquences, et je me trouve
dispensé d'entrer, à cet égard, dans une discussion ultérieure.

J'observe seulement que M. Carteau, après
avoir posé la question en thèse générale, et
prononcé qu'il faut que la France abandonne
ses colonies, pense néanmoins que l'on peut
conserver nos colonies médiocres, et il s'exprime ainsi :

« Premièrement, à l'égard de celles de
» nos colonies où la révolution n'a pas péné-
» tré ou qui en ont été soustraites, étant *mé-*
» *diocres* en petit nombre et parfaitement

» établies , elles ne peuvent plus nuire à la
» France du côté de la population. Je les
» considère aujourd'hui relativement à la
» métropole , comme de simples factoreries
» que nous aurions chez un peuple ami. Il
» n'y a donc point d'inconvénient à les possé-
» der, pourvu qu'en temps de guerre , défen-
» dues par leurs garnisons , et se suffisant
» à elles-mêmes par leurs liaisons avec les
» autres , nous ne soyons pas dans la néces-
» sité d'armer de puissantes armées navales
» pour les protéger ».

Mais , M. Carteau , soyez donc conséquent avec vous-même, posséder suppose le moyen de conserver et de protéger : comment nous conserverons des colonies médiocres, parce qu'elles sont parfaitement établies , que les produits en sont utiles à la France ; mais dès l'instant où il faudra les protéger contre les attaques ou l'invasion de nos ennemis , vous proposez généreusement de les abandonner radicalement ! En vérité vous avez un sys-tême de gouvernement et d'administration qui ressemble bien à votre système commer-cial , et vous osez dire dans une note : « Il » paraît que ce plan est celui du gouverne-» ment actuel ».

Comment, c'est au moment où nos flottes

couvrent les mers , qu'elles se réunissent aux Antilles , qu'elles y versent des secours **en** hommes , en munitions , en argent , que vous avez la hardiesse de dire que le plan du gouvernement est d'abandonner les colonies , qui exigeraient l'emploi de nos forces navales pour les protéger ?

Vous ajoutez : « Il fut toujours difficile , » même aux hommes de génie , de changer » des usages ridicules , d'établir des institu- » tions utiles ou de faire des réformes » , et vous citez , pour exemples , les contradictions et les difficultés que Sully et Colbert ont éprouvées pour faire adopter leurs idées. Ce qui doit vous tranquilliser et vous mettre à l'abri de toutes persécutions , c'est que vos idées , vos principes et vos vues ne ressemblent en rien et sont diamétralement opposées à celles de ces grands hommes.

En terminant ce paragraphe , l'auteur , au lieu de conserver l'accent du doute et de la circonspection , comme il l'avait fait en parlant des colonies *où la révolution n'a pas pénétré ou qui en ont été soustraites* , prend le ton affirmatif et tranchant en parlant de Saint-Domingue et dit : « Je ne balance pas » à conseiller d'abandonner le dessein de ré- » tablir cette colonie , la France ayant dans

» les autres colonies tout autant de denrées
» coloniales qu'il en faut pour ses besoins
» intérieurs; elle peut et elle doit se priver
» de Saint-Domingue , en cédant cette pos-
» session à telle Puissance qui remplirait
» mieux ses autres vues commerciales , et
» qui contribuerait à sa sûreté continentale ».

Il est peut-être difficile de cumuler, en aussi peu de mots, autant d'erreurs commerciales et politiques. Il faut connaître bien peu Saint-Domingue et la puissance du Gouvernement français, pour considérer comme impossible ou même comme très - difficile la restauration de cette colonie.

La belle défense du général Ferrand, apprend qu'il suffit de vouloir se défendre pour ne pas succomber, et qu'il suffira de le vouloir pour conquérir et conserver. Il faut, après cela, connaître bien peu les produits de la Guadeloupe et de la Martinique, et la consommation intérieure de la France en denrées coloniales, pour affirmer que ces colonies en produiraient tout autant qu'il en faut pour nos besoins intérieurs.

La Guadeloupe et la Martinique, comme on l'a vu précédemment, importaient pour une valeur de 52,500,000 liv., et la France en consommait pour une valeur de 83,500,000 l.;

ainsi

ainsi il faudrait toujours en acheter des étrangers pour plus de 30,000,000 , et il ne faudra
que quatre-vingt-quatre ans de ce régime
pour consommer la totalité du numéraire
réel existant en France , supposé à 2 millards
et demi (1).

Finalement, M. Carteau propose de céder
cette colonie à telle Puissance qui remplira
mieux ses autres vues commerciales. J'ai
cherché, mais très-vainement, ce que si-
gnifie cette cession; si Saint-Domingue est
utile, il faut le conserver; si sa possession
est onéreuse, aucune Puissance n'en accep-
tera la cession, fût-elle même à titre gratuit.
En attendant que l'écrivain développe ses
idées à cet égard, je vais passer au paragraphe suivant.

-----

(1) Cette masse de numéraire estimée exister en
France, il y a vingt ans, a été bien diminuée par
quinze années de révolutions, de guerres et de
nullité de commerce.

G

§. XXVII.

Raisons pour abandonner le projet de rétablir Saint-Domingue.

---

§. XXVIII.

Suite des raisons propres à détourner du projet de rétablir Saint-Domingue.

L'écrivain, dans le paragraphe précédent, a déjà prononcé affirmativement le vœu et la nécessité, dit-il, *d'abandonner*, de *céder* ou de *vendre* Saint-Domingue; il a tellement craint de ne pas voir son opinion adoptée, qu'il consacre deux autres paragraphes au développement des raisons propres à justifier cet abandon.

D'abord, c'est l'importance de l'entreprise, dit-il, qui le détermine à nous en détourner.

Que cet écrivain connaît mal le génie qui règle nos destinées ! c'est par cela même

que l'entreprise est grande, importante difficile même, qu'elle est digne de l'homme
auquel nulle sorte de gloire ne peut être
étrangère.

L'écrivain dit ensuite : « Reconquérir Saint-
» Domingue, me paraît la tâche la plus
» aisée, quoiqu'accompagnée de difficultés
» et d'efforts ».

C'est donc à l'administrer, à la régir, à
la repeupler, à la faire cultiver, que M. Carteau trouve des difficultés ? Et en effet
la chose n'est pas aisée ; mais était-il aisé
de prévoir, il y a dix ans, que les bornes
de l'Empire Français seraient placées au-
delà du Rhin, au-delà des Alpes, et dans
les lieux même où les posa Charlemagne
il y a mille ans ? Etait-il aisé de prévoir
que l'Italie, les républiques Batave et de
Lucques, et les Etats de Gênes s'uniraient
de gloire, d'affection et d'intérêts à notre
prospérité, et viendraient en quelque sorte
confondre leurs richesses territoriales et leurs
capitaux avec les nôtres ; enfin, était-il aisé
de prévoir que l'empire des mers serait dis-
puté à l'Angleterre, que nos flottes, en dépit
du système ridicule des blocus, prendraient
par-tout l'offensive, et qu'enfin cette flotille
de Boulogne, que méprisait si fort l'orgueil-

leuse Albion , combattrait avec avantage ,
ferait reculer ses citadelles flottantes , à la
faveur desquelles les Anglais croyaient pouvoir être tranquilles chez eux , et qu'enfin
nos armées , campées sur les côtes de la
Manche , y tiendraient en échec toute la population de l'Empire Britannique , et y ins-
pireraient un tel effroi , que les hommes seraient arrachés aux moissons et aux manufactures , pour venir figurer au rang des
volontaires , que son gouvernement enfin ne
trouverait son salut qu'en renouvelant une
coalition sur le continent , une coalition
dont le résultat ne peut qu'accroître notre
influence en Europe , et différer de quelques instans l'exécution de ce projet qui
doit nous donner une tranquillité durable ?

C'est après toutes ces choses qui frappent
d'étonnement et d'admiration l'univers, qu'un
Français vient *déconseiller* de rétablir St.-
Domingue , par cela même que c'est une
chose difficile.

Lorsque l'Empereur a entrepris de faire
jouir tous les peuples du domaine des mers ,
il a su que la tâche était d'une exécution
lente et difficile , mais il n'a point hésité ,
il était question de la tranquillité et du bonheur du monde ; lorsque les circonstances

lui permettront de s'occupper de St.-Domingue, il n'hésitera pas davantage. Il sait qu'il y va de la gloire et de la prospérité de l'agriculture, dés manufactures et du commerce de ses peuples.

Après la perte des hommes, l'écrivain présente les difficultés de conserver; il est effrayé de la renaissance possible des insurrections, il craint que cet état ne devienne habituel chez les noirs qui auront été subjugués.

Quel est l'homme ayant vécu dans les colonies, ayant pris la peine d'observer leurs diverses populations, qui ne sache tout le code de gouvernement de ce pays-là?

Conquérir par la force, régner par la justice, conserver par la terreur, voilà ce que doit y produire le gouvernement : récompenser et punir sans distinction de couleur, des rangs et des qualités, voilà tout le secret du gouvernement de colonies, j'oserais presque dire de tous les empires. J'en appelle ici à tous les colons, ils diront que les insurrections partielles, qui sont devenues des insurrections générales, n'ont pris naissance que chez des propriétaires ou trop faibles ou injustes. Si elles renaissent, ce ne pourra être que par les mêmes causes;

mais sous un gouvernement protecteur et vi-gilant, ces causes doivent disparaître, et les effets ne peuvent avoir des conséquences dangereuses pour la tranquillité générale.

Enfin, la dernière et puissante objection, alléguée par M. Carteau, contre le rétablis-sement de St.-Domingue, « c'est que nous » travaillerons vraisemblablement pour les » Anglo-Américains des Etats-Unis ».

Ici l'écrivain fait acte de prévoyance, et il prend le rôle de prophète, et de ce que l'Union fédérale ait désiré achever de s'ar-rondir en acquérant les Florides, il en con-clut qu'elle deviendra, à l'exemple de l'An-gleterre, conquérante et dominatrice. Je n'entrerai pas ici dans la discussion d'une aussi étrange prophétie.

J'ai pensé et j'ai dit dans des Mémoires publiés sur la Louisiane, que parmi les rapports politiques qui rendaient l'acquisition, de cet état, importante à l'Union fédérale, le desir de préparer l'émancipation des An-tilles, afin de s'en assurer le commerce ex-clusif, pouvait y entrer pour quelque chose; mais cet évènement ne peut être ni aisé ni prochain. Pendant le cours d'un siècle, né-cessaire pour opérer une pareille révolution, il peut en arriver de telles sur le continent de l'Amérique septentrionale, que cette supposition peut devenir une chimère; et en effet, si l'Union fédérale cessait d'être fédérée, si les états de l'Ouest se séparaient de ceux de l'Atlantique, si ceux du Nord se séparaient de ceux du Sud, si tant de causes naturelles, de divisions et de séparations produisaient enfin leurs effets, l'envahissement des Antilles par les Anglo-Américains deviendrait une de ces prédictions qui se perdent dans le torrent des probabilités, dont tous les hommes qui traitent des objets d'économie politique, s'amusent à orner leurs écrits, pour honorer leur prévoyance et leur immense sagacité.

Je dis donc, sans réfuter plus longuement les deux paragraphes ci-dessus, je dis avec M. Carteau :

Reconquérir Saint-Domingue n'est pas une tâche aussi difficile qu'on pense; mais je dis, contre son avis : la gouverner, l'administrer, n'est pas chose très-difficile.

La conserver sera chose facile.

La gouverner, l'administrer, tiennent à l'équilibre des pouvoirs et au choix heureux des hommes appellés à ces importantes fonctions.

La conserver tient à l'organisation de la

puissance militaire et civile, à une distribution sage et combinée des troupes, et à une discipline nécessaire et indispensable dans les ateliers.

Ainsi, quand le Gouvernement le voudra, je ne vois aucun obstacle insurmontable à sa volonté, à sa puissance.

Il me reste maintenant à prouver que cette entreprise est non seulement digne du Gouvernement, mais qu'à la prospérité des colonies, et particulièrement de celle de Saint-Domingue, tient la prospérité de notre agriculture, de nos manufactures et de notre commerce, et que de cette prospérité dépend le rang que la France tiendra parmi les Puissances du morde.

Pour prouver cette importante assertion, j'emploie deux tableaux, dont les résultats arithmétiques sont bien plus frappans que tout ce qui a été publié jusqu'à présent.

Dans l'état général, dont j'ai extrait le tableau nᵒ. 1ᵉʳ., M. Mozard donne bien l'état des importations faites en France en 1789, par la colonie de Saint-Domingue, mais cet état fidèle ne donne point une juste idée de l'importance de cette colonie. Cette importance n'est que relative à la métropole ; j'ai cru devoir la présenter dans sa masse générale, pour pouvoir en tirer les conséquences plus vraies et plus exactes sur son importance directe à la France et relative au continent (1); j'ai accompagné ces tableaux d'observations qui ont pour objet d'indiquer, comment, à la faveur des stipulations faites par le traité de cession de la Louisiane, le commerce français peut tirer de ce pays-là, et profiter presque seul de tous les avantages et des bénéfices qui résulteront de l'emploi des produits de cet état, nécessaires à la restauration de Saint-Domingue.

---

(1) Ces tableaux sont joints à la suite de cet ouvrage, sous les nos. 2 et 3; celui sur-tout qui démontre la prépondérance des colonies françaises sur toutes celles des autres nations européennes, mérite une attention particulière.

§. XXIX.

Autres difficultés tenant au régime des Colonies.

Voici encore une difficulté déterminante pour l'abandon de Saint-Domingue. « Je veux » parler, dit l'auteur, du rang politique des » mulâtres, et sous ce nom, je comprends » tout ce qu'on appellait *sang-mélé* ».

A cette occasion, l'écrivain développe cette difficulté, il établit plusieurs questions, dont la discussion en ce moment me paraît inutile et même dangereuse. Assez d'écrivains ont déjà parlé sur les causes du mal, sur les remèdes et sur les moyens de restauration, pour que je me dispense de le faire. J'ai pensé, dès long-tems, que toute publication des fautes commises dans la dernière expédition faite à Saint-Domingue, soit qu'on les ait dissimulées, soit qu'on les ait exagérées, était au moins inutile ; j'ai pensé qu'il importait peu que le public sût ce qui justifie ou condamne l'évacuation de nos meilleurs postes, qu'il connût à quel chef cette évacuation peut être attribuée ou reprochée; j'ai pensé qu'il suffisait que le gouvernement eût obtenu à cet égard des informations sûres et importantes, et qu'il les trouverait rarement dans des écrits publiés par des considérations particulières. J'ai aussi pensé que toute discussion publique sur les moyens de conquête et de restauration de Saint-Domingue, était en ce moment prématurée et nuisible; prématurée, parce que le gouvernement ne pouvait pas s'en s'en occuper; nuisible, parce que l'on ne peut rien publier sur les moyens d'attaque et de conquête, que l'on n'indique en quelque sorte aux ennemis les moyens de défense et de résistance: mais tout en me pénétrant de cette vérité, sur l'inutilité des publications, des maux soufferts et des remèdes possibles, je n'ai pu résister à un sentiment d'indignation, en lisant un écrit dans lequel on ose proclamer des erreurs politiques et commerciales, qui par cela même qu'elles sont neuves et paradoxales, pourraient être saisies et adoptées avidement par le plus grand nombre des hommes, que la réflexion gêne, que les calculs embarrassent, et qui se diront, comme je l'ai entendu : « *Il* » *faut bien que Saint-Domingue ne soit* » *pas aussi nécessaire que vous le dites , à* » *la prospérité de la France , puisque voilà*

» *dix ans que nous en sommes privés, et la*
» *France n'en est ni moins forte ni moins*
» *riche* ».

Quant à la difficulté résultante de l'état et du rang politique à donner à la population des mulâtres, qu'on appelait *des sang-mélés*, elle ne peut en être une, pour un gouvernement qui fixe les hommes et les choses à leur place, pour un gouvernement qui a reconnu que les droits politiques appartenaient à la propriété, et qui a préjugé que dans un état, le plus grand des vices était l'insouciance ou la paresse. Si jamais l'application du principe qui attribue à la propriété les droits politiques, fut juste et équitable, c'est sur-tout dans les colonies, où, pour le bien, pour l'intérêt de la métropole, pour la tranquillité intérieure, tout doit exister par le travail et pour l'utilité des manufactures ; cessons donc de considérer comme une difficulté, un système d'administration, qui porte en lui-même ses avantages et sa sûreté.

§. XXX.

Dernières raisons contre les Colonies.

L'AUTEUR de l'*Examen politique* a cru terminer avec quelque succès ses étonnantes observations, en invoquant, tant bien que mal, le témoignage de Montesquieu, et voici comme il commence ce paragraphe.

« A l'appui de nos liaisons avec ces pays
» lointains, on pourrait m'objecter ce prin-
» cipe de l'Esprit des Lois, *que dans un*
» *grand état, sous le gouvernement d'un*
» *seul, le commerce doit être fondé sur*
» *le luxe.*

» Mais un pareil commerce (de luxe)
» peut exister sans être nourri par les co-
» lonies ».

Pour démentir cette assertion, j'en appelle à l'examen du tableau n°. 1er., et l'on y verra à quoi le commerce de la France sera réduit, si l'on en retranche celui des Antilles.

L'écrivain dit ensuite :

« J'opposerai d'ailleurs à ce principe, ce

» que le même auteur (Montesquieu) dit
» un peu plus bas :

» *Que les grandes entreprises de com-*
» *merce ne sont pas pour les monarchies ,*
« *mais pour les états républicains* ».

Montesquieu ne s'est pas trompé dans le principe , mais M. Carteau s'est trompé dans l'application qu'il en fait ; car le commerce de France , si recommandable jusqu'en 1789, n'a pas brillé sous le régime de la république, et l'on doute beaucoup qu'un gouvernement républicain le fit fleurir en Angleterre.

Mais puisque M. Carteau s'appuie du témoignage de l'immortel auteur de l'Esprit des Lois , je me permettrai aussi de le citer, et je lis au liv. 21 , chap. 21 :

« Nos colonies des îles Antilles sont *ad-*
» *mirables*, elles ont les objets de commerce
» que nous n'avons ni ne pouvons avoir,
» elles manquent de ce qui fait l'objet du
» nôtre.

Et quant au régime commercial , je lis au même chapitre , « le désavantage des co-
» lonies qui perdent la liberté du commerce,
» est visiblement compensé par la protection
» de la métropole qui les défend par ses
» armes , et les maintient par ses lois ».

(111)

Mais je reviens à M. Carteau.

Cet écrivain dans ce paragraphe, en in-
sistant sur son système d'abandon, dit une
chose digne de remarque, voici ses expressions :

« J'ajouterai que cet abandon, s'il était
» général, serait le seul moyen efficace de
» satisfaire au cri prédominant du siècle,
» contre la traite et l'esclavage des noirs ;
» car, dit-il, solliciter l'abolition de ces deux
» choses, et prétendre conserver dans les co-
» lonies la culture, c'est un rêve creux,
» c'est une ignorante réclamation, c'est ne
» connaître ni le climat, ni la culture, ni
» les noirs, etc., etc., etc.

» Il a été permis, dit encore l'écrivain, aux
» charitables négrophiles, de s'appitoyer sur
» le sort de quelques noirs, maltraités par les
» colons, sans que leur sensible philosophie
» proférât un seul mot en faveur d'un million
» de blancs, qui périssaient de diverses ma-
» nières, victimes de la possession des colo-
» nies ».

Et vous, Monsieur, qui vous appitoyez sur
le sort d'un million de blancs *victimes*,
mais victimes volontaires de leur amour des
richesses, vous ne vous appercevez pas que,
par votre système d'abandon, vous condam-

nez à l'inaction et à la misère trois millions de cultivateurs qui, en France, cultivent et recueillent les produits du sol consommés dans les colonies; deux millions d'ouvriers de toutes les manufactures, dont les objets d'industrie sont consommés dans les colonies; un million d'ouvriers, charpentiers, calfats, tisserands, cordiers, voiliers, poulieurs, forgerons employés à la construction de bâtimens faisant le commerce des colonies, et enfin cent mille familles de matelots qui n'existent et ne vivent que du commerce et de la navigation des colonies; vous n'observez pas que dans votre système philosophique ces six millions d'individus réduits, faute de commerce, à la condition de pâtres ou de laboureurs, n'auront bientôt qu'une existence assez semblable à celle des Chinois, et qu'enfin l'Empire français passera subitement du premier rang politique qu'il tient dans l'Univers au dernier, parmi les Puissances de l'Europe.

Mais non, tout résiste à votre système commercial. Le lecteur n'y verra que la renaissance de toutes les idées faussement philanthropiques différemment coloriées; de toutes ces idées, dis-je, qui ont si puissamment opéré l'incendie et l'anéantissement de nos colonies,

et

et si fortement aidé l'accroissement de celles possédées par les Anglais. Ces tems sont heureusement éloignés où toute espèce de désorganisation dans l'ordre social, était accueilli avec empressement, avec une sorte d'enthousiasme; aujourd'hui, de quelque couleur que se couvre l'anglomanie, elle est facilement apperçue, décriée; et sous quelque trait que paraisse la fausse philosophie de 1789, elle est promptement reconnue, jugée et écartée.

CONCLUSION.

M. Carteau vient de publier un pamphlet de 136 pages, sous le titre d'*Examen politique des colonies modernes ;* il était difficile de réunir en un aussi petit volume, une aussi grande masse d'idées fausses et d'opinions incohérentes, sur une matière que tout le monde croit aujourd'hui connaître et veut au moins juger. J'ai épargné à l'écrivain beaucoup d'observations auxquelles pourraient donner lieu et son système et sa manière de le présenter; mais j'ai relevé, sans ménagement, quelques absurdités frappantes. J'ai, au surplus, bien moins voulu faire une censure,

H

que fixer les idées sur l'importance de nos colonies des Antilles, et comme rien ne donne des résultats plus précis, plus exacts et plus faciles à saisir que les tableaux arithmétiques, j'ai analysé le commerce de France et celui de Saint-Domingue, d'après des états assez authentiques pour mériter la confiance publique: je m'estimerai donc heureux si j'ai atteint le but que je me suis proposé, et si le travail auquel je me suis livré peut être reçu par le gouvernement et par le commerce, comme un tribut d'hommage et d'attachement.

F I N.

Tabac........ la France
Chevaux..... 21,000,000
Fer et cuivre..
Plomb et étain
Bois de construc
Mâts et merrai
Brai et goudron
Planches...... 19,500,000
Charbon de ter
Fourrures et p
Plumes et parfu 60,000,000
Drogues pour l 40,500,000

.arge de la
.... 19,500,000

98,000,000

20,000,000
Étoffes et soie d
Thés et cafés.. 78,000,000
Toiles du Coro .ble de..... 58,500,000
Mousselines du nrées colo-
Poivres du Mal 83,500,000

es apportent
éfice de.... 142,000,000

(N°. 1er.)

EXTRAIT d'un État intitulé : Étendue, Population, Impôts, Forces militaires et Commerce des principales Puissances de l'Europe, et particulièrement de la France et de ses Colonies en 1789 ; rédigé, publié et imprimé en l'an 2, par Mr. *T. C. MOZARD.*

ÉTAT des Importations et Exportations du commerce de France en 1789.

OBSERVATIONS.

En 1789

A Les Antilles consommaient en barils de farine plus de 100,000 — Barils.

Barriques de vin .... 150,000 — Barriques.

Caisses { Ditto..... 8,000 } — Caisses.
{ Liqueurs.. 12,000 }

Paniers d'Anisette. 10,000 — Paniers.

Quintaux de { Beurre... 20,000 / Bœuf salé. 30,000 / Lard.... 18,000 / Fruits.... 15,000 / Légumes.. 8,000 / Savon.... 35,000 / Chandelle. 22,000 / Huile.... 28,000 } — Quintaux.

En 1788 et 1789

B La consommation de la seule colonie de Saint-Domingue, en objets de manufactures nationales et étrangères, exportés par le commerce de France, s'élevait à plus de 84,000,000, c'est-à-dire, à plus du cinquième du commerce actif et passif de la métropole en cette partie.

C La consommation de la seule colonie de Saint-Domingue, en objets d'orfèvrerie, horlogerie et bijouterie, s'élevait, année commune, à plus de 5,500,000 fr.

D La consommation des colonies, dans les objets composant cet article, peut s'évaluer à 7 ou 8 millions, et la somme en est confondue avec celle du second article.

La consommation des Colonies, dans l'importation des objets divers, est infiniment modique et cette importation est presque toute entière directe à la France.

E Cette exportation des denrées coloniales se faisait sans préjudice à la consommation intérieure, mais l'importation réelle des Antilles, en Europe, s'élevait à plus de 185,500,000 fr.

On croit inutile de faire ici mention du produit des pêcheries qui se consommait entièrement en France, et ne faisait point objet de réexportation, d'ailleurs le montant ne s'en élevait pas au-dessus de 2,500,000 fr.

EXPORTATIONS / IMPORTATIONS

A — PRODUCTIONS DU SOL DE LA FRANCE / DENRÉES ACHETÉES CHEZ L'ÉTRANGER.

EXPORTATIONS — Désignation des objets	Valeurs	IMPORTATIONS — Désignation des objets	Valeurs
	francs.		francs.
Vins	50,000,000	Bleds	4,000,000
Eaux-de-vie	8,000,000	Autres grains	2,000,000
Autres liqueurs	2,000,000	Huile d'Italie	8,000,000
Bleds	4,000,000	Épiceries	8,000,000
Autres grains	2,000,000	Poissons	5,000,000
Huiles de Provence	5,000,000	Bestiaux	3,000,000
Fruits	1,000,000	Bœuf salé de Hambourg	2,000,000
Beurre	1,000,000	Ditto d'Irlande	1,000,000
Fromages	1,000,000	Fromages de Suisse	3,000,000
Légumes	200,000	Vins et liqueurs	3,000,000
Sels	7,500,000	Eaux-de-vie étrangères	3,000,000
Pêcheries	1,500,000	Fruits secs	1,000,000
Total	**55,000,000**	**Total**	**40,000,000**

B — MARCHANDISES MANUFACTURÉES / MATIÈRES PREMIÈRES.

EXPORTATIONS — Désignation des objets	Valeurs	IMPORTATIONS — Désignation des objets	Valeurs
Draps et étoffes de laine	33,000,000	Soies et laines	30,000,000
Bas et bonneterie	16,000,000	Cuivres et étains	12,000,000
Toiles	10,000,000	Graines et fil de lin	6,000,000
Batistes	4,000,000	Or et argent	15,000,000
Dentelles	2,000,000	Diamans	6,000,000
Étoffes de soie	25,000,000	Autres pierres précieuses	2,000,000
Ditto mêlées d'or et d'argent	8,000,000	Argent vif	2,000,000
Tapisseries	4,000,000	Bois précieux	3,000,000
Glaces	2,000,000	Peaux de castor et autres	4,000,000
Papiers	4,000,000	Cires et suif	7,000,000
Chapeaux	3,000,000	Soude et cuirs	6,000,000
Savon	5,000,000	Écaille et ivoire	4,000,000
Bougie	1,000,000	Drogues pour la teinture	6,000,000
Total	**117,000,000**	**Total**	**113,000,000**

C — OBJETS D'INDUSTRIE NATIONALE / MARCHANDISES DES MANUFACTURES ÉTRANGÈRES.

EXPORTATIONS — Désignation des objets	Valeurs	IMPORTATIONS — Désignation des objets	Valeurs
Modes	10,000,000	Toiles de Flandres	6,000,000
Ébénisterie	4,000,000	Ditto de Suisse	4,000,000
Orfèvrerie	4,000,000	Ditto de Hollande	5,000,000
Ouvrages d'acier	5,000,000	Mousselines d'Angleterre	3,000,000
Bijoux	5,000,000	Ditto de Zurich	2,000,000
Ouvrages d'horlogerie	1,000,000	Montres de Genève	1,000,000
Galons	5,000,000	Merceries de Hollande	3,000,000
Broderies	2,000,000	Quincaillerie d'Angleterre	3,000,000
Tableaux	2,000,000	Ditto d'Allemagne	2,000,000
Estampes	1,000,000	Gazes d'Italie	2,000,000
Livres	2,000,000	Taffetas de Florence	3,000,000
Cuirs	1,000,000	Velours de Gênes	2,000,000
Éventails, parfumerie, etc.	2,000,000	Papiers et livres	4,000,000
Total	**42,000,000**	**Total**	**40,000,000**

D — PRODUCTIONS DES INDES ORIENTALES / OBJETS DIVERS.

EXPORTATIONS — Désignation des objets	Valeurs	IMPORTATIONS — Désignation des objets	Valeurs
Thés de la Chine	3,000,000	Tabac	10,000,000
Cafés de Moka	400,000	Chevaux	6,000,000
Ditto de Bourbon	500,000	Fer et cuivre	8,000,000
Vernis de la Chine	100,000	Plomb et étain	6,000,000
Étoffes de soie de la Chine	2,000,000	Bois de construction	7,000,000
Poivres du Malabar	1,000,000	Mâts et merrain	4,000,000
Mousselines du Bengale	3,000,000	Brai et goudron	4,000,000
Toiles du Coromandel	4,000,000	Planches	3,000,000
Basins des Indes	1,500,000	Charbon de terre	3,000,000
Mouchoirs de Mazulipatan	500,000	Fourrures et pelleteries	4,000,000
Porcelaines de la Chine	500,000	Plumes et parfumerie	3,000,000
Marchandises du Levant	3,000,000	Drogues pour la pharmacie	2,000,000
Total	**19,500,000**	**Total**	**60,000,000**

E — PRODUCTIONS DES ISLES OCCIDENTALES / PRODUCTIONS DES INDES ORIENTALES.

EXPORTATIONS — Désignation des objets	Valeurs	IMPORTATIONS — Désignation des objets	Valeurs
Sucres	65,000,000	Étoffes et soie de la Chine	3,000,000
Cafés	16,000,000	Thés et cafés	5,000,000
Cotons	7,200,000	Toiles du Coromandel	6,000,000
Indigo	11,000,000	Mousselines du Bengale	4,500,000
Cacao, etc.	800,000	Poivres du Malabar	1,500,000
Total	**98,000,000**	**Total**	**20,000,000**

BALANCE DE CHAQUE NATURE D'IMPORTATION ET D'EXPORTATION.

RÉSULTATS.	VALEURS.
	francs.
Exportation du produit du sol de la France	55,000,000
Importation du produit du sol étranger employé par le commerce de France	40,000,000
Balance en faveur de la France	15,000,000
Exportation des marchandises manufacturées en France	117,000,000
Importation des matières premières	113,000,000
Balance en faveur de la France	4,000,000
Exportation des objets d'industrie nationale	42,000,000
Importation des objets de manufactures étrangères	40,000,000
Balance en faveur de la France	2,000,000
Total de la balance obtenue par la France sur les objets ci-dessus	21,000,000
Exportation des Indes orientales	19,500,000
Importation des objets divers du sud de l'Europe, du midi et du nord de l'Amérique	60,000,000
Balance à la charge de la France	40,500,000
Reste toujours une balance à la charge de la France de	19,500,000
Exportation des produits des Indes orientales	98,000,000
Importation des produits des Indes orientales	20,000,000
Balance en faveur de la France	78,000,000
Reste en définitif une balance favorable de	58,500,000
Qui jointe à la consommation des denrées coloniales, en France, évaluée à	83,500,000
Donne la preuve que les Antilles seules apportent au commerce de France un bénéfice de	142,000,000

43,

France et aux prix les plus bas qu'on
48, es exagérations ; mais l'on jugera mieux
nt dans la consommation intérieure et
21, 1789 les denrées coloniales ont triplé

3,

e Saint-Domingue attirait l'or et l'argent
s Colonies espagnoles, et que ces espèces
dans la métropole.

ales en France, réduite des deux tiers
l'état ci-dessus, bien au-delà de cette
e procurer cette consommation, quoique
plusieurs années, plus de 80,000,000.
, de la disparution du numéraire.

s six derniers articles de l'état ci-dessus,
en 1789, sont restées telles qu'elles ont
en 1788, telles enfin qu'on les trouve

fique la charge de 600 bâtimens de
tion du commerce français sont d'un
ation, il a été constaté que le commerce
us de 7,000 matelots ; que le commerce
nnage beaucoup moindre ; qu'enfin ces
importation et d'exportation de plus

16 mmerce de l'Empire, ne se fait pas
l'étranger, mais aussi par la perte des
et de réaction que leur mouvement
facilement qu'elle ne se calcule.

(N°. 2.)

EXTRAIT du Tableau des Exportations faites par la Colonie de Saint-Domingue, depuis le 1er. Janvier jusqu'au 31 Décembre 1789.

En 1789	SUCRES Blanc ou terré.	SUCRES Brut.	CAFÉ.	COTON.	INDIGO.	CUIRS Cuites	SIROP Boucauds	TAFFIA Barriques	RÉCAPITULATION de la pesanteur spécifique des huit articles ci-contre.	OBSERVATIONS.
	livres.	livres.	livres.	livres.	livres.	livres.	livres.	livres.		
Il s'est exporté, des treize ports de la Colonie, des denrées ayant acquitté les droits coloniaux ainsi qu'il suit........	47,516,551	95,573,500	76,635,219	7,044,274	751,028	29,606	25,749	598		Cet état ne contient que les produits coloniaux dont les déclarations se faisaient aux douanes, parce qu'elles y payaient des droits locaux, mais on n'y tenait pas registre des produits qui s'exportaient en exemption de droit, et l'on n'a de donnée à cet égard que celle obtenue par les douanes de France.
Il n'y a aucun Administrateur de la Colonie de Saint-Domingue qui ne sache que la perception des droits d'octroi, donnait lieu à des fraudes, d'autant plus difficiles à prévenir, que les capitaines étaient autorisés à payer les droits sur le poids estimé des barriques et boucauds de sucre, évalués à 1,500 et qui pesaient de 1,800 à 2,000. Cette fraude et celle résultante de l'interlope faite par les étrangers peut et doit être évaluée sur les sucres et cafés au moins à 15 pour cent de poids........	7,127,479	14,033,995	11,525,282						livres. 257,419,332	Personne n'ignore que l'interlope à Saint-Domingue, sur-tout en 1789. enlevait presque tous les cotons et les indigo de l'Artibonite de presque tous ceux des quartiers du sud, et qu'ils s'exportaient à la Jamaïque.
Et sur les cotons et indigo, c'est être fort réservé que de ne l'évaluer la fraude qu'à 20 pour cent........				1,400,834	150,525					
Cette addition de valeur, dont le Gouvernement perdait les droits, doit être ajoutée à l'exportation réelle de la Colonie, puisque ce supplément d'exportation n'était perdu ni pour le Colon ni pour le commerce.										
Montant effectif des denrées exportées de la Colonie de Saint-Domingue en 1789.	54,644,020	107,609,295	88,360,501	8,405,128	901,553	29,606	25,749	598		

RÉCAPITULATION et évaluation des denrées exportées de la Colonie de Saint-Domingue en 1789.

						francs.
Sucres.	Blanc........................	54,644,010	à	75 pour cent.............		40,933,007
	Brut........................	107,609,295	à	40		43,043,718
	Café........................	88,360,502	à	55		43,598,276
	Coton........................	8,405,128	à	250		21,012,820
	Indigo........................	901,956	à	4		3,607,832
	Sirop........................	25,749	à	60 le boucaud.............		1,544,940
	Taffia........................	598	à	175 le barrique..............		104,650
	Cuirs........................	29,606	à	24 la cotte.............		710,544
	Campêche........................	00,000		....		25,000
	Rocou........................	50,000		....		50,000
	Carret........................	5,000		....		62,000
	Cacao........................	600,000		....		450,000
Bois de teinture.	d'Accajou..... / de Gayac.....	9,600,000		....		1,200,000
	Huiles de Palmachristy........................			....		mémoire.
						161,373,787

OBSERVATIONS.

Toutes les évaluations sont ici portées argent de France et aux prix les plus bas qu'on ait jamais vendu les produits coloniaux, afin d'éviter les exagérations; mais l'on jugera mieux de l'importance de ces produits et du vide qu'ils font dans la consommation intérieure et l'exportation extérieure, en observant que depuis 1789 les denrées coloniales ont triplé de valeur.

Il n'est point inutile d'observer que le commerce de Saint-Domingue attirait l'or et l'argent du Mexique, par l'interlope avec la Terre-Ferme et les Colonies espagnoles, et que ces espèces s'exportaient définitivement et allaient se consommer dans la métropole.

En supposant la consommation des denrées coloniales en France, réduite des deux tiers comme le prix s'en est élevé, comparativement à l'état ci-dessus, bien au-delà de cette proportion, il n'en reste pas moins d'identité que pour se procurer cette consommation, quoique réduite, l'Empire français paie à l'étranger, depuis plusieurs années, plus de 80,000,000. On calcule donc raison, mieux que beaucoup d'autres, de la disparition du numéraire.

Faute de renseignemens précis sur l'exportation des six derniers articles de l'état ci-dessus, les quantités supposées exportées de Saint-Domingue en 1789, sont restées telles qu'elles ont été établies d'après les états des douanes de France en 1788, telles enfin qu'on les trouve en l'état publié par M. Mozard.

Les produits ci-dessus forment de pesanteur spécifique la charge de 600 bâtimens de 500 tonneaux chaque; et comme ces objets d'importation du commerce français sont d'un encombrement bien plus considérable que ceux d'exportation, il a été constaté que le commerce national a employé en 1789 plus de 600 bâtimens, et plus de 7,000 matelots; que le commerce étranger a employé plus de 700 bâtimens, mais d'un tonnage beaucoup moindre; qu'enfin ces étrangers ont fait dans la colonie un commerce d'importation et d'exportation de plus de 10,000,000.

La utilité actuelle de Saint-Domingue, pour le commerce de l'Empire, ne se fait pas sentir seulement par la sortie du numéraire en faveur de l'étranger, mais aussi par la perte des droits du fisc à l'importation, et par l'absence d'action et de réaction que leur mouvement imprimaient dans tous les ports. Cette perte se sont pas plus facilement qu'elle ne se calcule.

. . . .   55,500,000

ouvé que la France avait
supériorité de produits
. . . .   65,400,000

ce établit l'origine et la preuve de cette
qui assurait au commerce français cette
aire et cette aisance commerciale dont
s rivaux.

55,000,000

5,000,000

,400,000 l.

(N°. 3.)

ÉTAT COMPARATIF

DES PRODUITS COLONIAUX

Importés en Europe par les diverses Puissances possédant des Colonies dans les Antilles ou dans l'Amérique du sud, à l'époque de 1789.

	Colonies	PRODUIT de chaque Colonie prise individuellement.	TOTAUX des produits de chaque Puissance.	PRÉPONDÉRANCE des Colonies Françaises sur toutes celles des autres Nations Européennes.
		livres.	livres.	
LA FRANCE.	Saint-Domingue	161,000,000		
	La Martinique	27,900,000		
	La Guadeloupe	24,000,000	222,900,000	
	Marie Galande			
	Sainte-Lucie	10,000,000		
	Tabago			
ANGLETERRE.	La Jamaïque	54,000,000		
	Saint-Christophe	15,000,000		
	Saint-Vincent	3,000,000		
	La Barbade	6,500,000		
	Antigue	3,500,000	102,000,000	livres. 120,900,000
	Monserat	1,500,000		
	La Grenade	12,000,000		
	La Dominique	3,000,000		
	Newis	1,500,000		
	Languille, Tortole, etc.	2,000,000		
ESPAGNE.	Vera-Crux, Carthagène, Porto-Bello, Cariques, Buénosaires... en or et argent	90,000,000		
	Les mêmes Colonies en denrées	20,000,000	127,000,000	95,900,000
	Cube	11,000,000		
	Potto-Rico	3,000,000		
	Saint-Domingue (partie Espagnole)	2,000,000		
	La Trinité	1,000,000		
PORTUGAL.	Brésil — en or	25,000,000		
	Brésil — en diamans	3,500,000	59,500,000	163,400,000
	Brésil — en sucre	18,000,000		
	Brésil — en diverses autres denrées	13,000,000		
LA HOLLANDE.	Surinam			
	Berbice			
	Demerarie		35,000,000	187,900,000
	Curacao			
	Saint-Eustache			
LE DANEMARCK.	Sainte-Croix			
	Saint-Thomas		15,000,000	207,900,000
	Saint-Jean			

TOTAL du revenu des possessions en Amérique et dans les Antilles des six Puissances Européennes ci-dessus indiquées .... 561,400,000 l.

De cette somme les Colonies françaises forment plus des deux cinquièmes.

OBSERVATIONS.

L'époque de 1789 est la seule à saisir pour présenter des aperçus qui aient quelque précision.

L'objet essentiel de ce Tableau est de démontrer que l'Angleterre ne nous fait qu'une guerre de commerce; elle a ruiné notre Colonie de Saint-Domingue, et depuis 12 ans qu'elle y a allumé les feux de la guerre civile, les produits ont toujours été en décroissant, quand ceux de ses passions ont été en augmentant; elle s'est ainsi procuré les moyens de pomper tout le numéraire de l'Europe, et particulièrement celui de la France. Il doit résulter de cette démonstration que la France ne peut attendre de l'Angleterre une paix solide et durable, aussi long-tems que son Gouvernement ne sera pas plus modéré dans son esprit d'ambition et de rivalité commerciale.

Des comparaisons qu'offre cet état, il résulte que la seule Colonie de Saint-Domingue avait un produit de plus d'un cinquième et demi, comparé à la masse de tous les produits des Antilles et du Continent de l'Amérique méridionale importés en Europe.

Il résulte encore que le vuide de ce produit dans notre commerce explique mieux que tous les raisonnemens la disparution du numéraire, les embarras et la détresse du commerce.

La France en 1789 avait sur l'Angleterre une prépondérance de produits coloniaux de   livres. 120,900,000

L'Angleterre, à la même époque, avait par son commerce de Chine et des Indes orientales une prépondérance sur la France de.. 55,500,000

Il reste toujours pouvé que la France avait sur l'Angleterre une supériorité de produits coloniaux de........................... 65,400,000

Cette prépondérance établit l'origine et la preuve de cette *balance favorable*, qui assurait au commerce français cette *abondance de numéraire* et cette aisance commerciale dont se sont emparés nos rivaux.